哥布林模式

如何舒适生活、拥抱不完美，
并在泥泞中茁壮成长

〔美〕麦凯拉·柯伊尔（McKayla Coyle）- 著
樊心然 - 译

GOBLIN MODE

HOW TO GET COZY, EMBRACE IMPERFECTION, AND THRIVE IN THE MUCK

中国出版集团
中译出版社

图书在版编目（CIP）数据

哥布林模式：如何舒适生活、拥抱不完美，并在泥泞中茁壮成长 /（美）麦凯拉·柯伊尔（McKayla Coyle）著；樊心然译. -- 北京：中译出版社，2024.1

书名原文：Goblin Mode: How to get cozy, embrace imperfection,and thrive in the muck

ISBN 978-7-5001-7463-9

Ⅰ.①哥… Ⅱ.①麦…②樊… Ⅲ.①生活方式 Ⅳ.①C913.3

中国国家版本馆CIP数据核字(2023)第157136号

Goblin Mode: How To Get Cozy, Embrace Imperfection, And Thrive In The Muck by McKayla Coyle
Copyright © 2023 by Quirk Productions, Inc.
First published in English by Quirk Books, Philadelphia,Pennsylvania
This edition arranged with Quirk Productions, Inc
through BIG APPLE AGENCY, LABUAN, MALAYSIA.
Simplified Chinese edition copyright © 2024 China Translation & Publishing House (CTPH)
All rights reserved

著作权合同登记号：图字 01-2023-3621

哥布林模式：如何舒适生活、拥抱不完美，并在泥泞中茁壮成长
GEBULIN MOSHI: RUHE SHUSHI SHENGHUO YONGBAO BUWANMEI BING ZAI NINING ZHONG ZHUOZUHANG CHENGZHANG

著　　者：［美］麦凯拉·柯伊尔（McKayla Coyle）
译　　者：樊心然
策划编辑：王海宽　朱小兰　朱　涵
责任编辑：朱小兰
文字编辑：王海宽　朱　涵　苏　畅　王希雅
营销编辑：任　格　王希雅
出版发行：中译出版社
地　　址：北京市西城区新街口外大街 28 号 102 号楼 4 层
电　　话：（010）68002494（编辑部）
邮　　编：100088
电子邮箱：book@ctph.com.cn
网　　址：http://www.ctph.com.cn

印　　刷：北京盛通印刷股份有限公司
经　　销：新华书店
规　　格：880 mm × 1230 mm　1/32
印　　张：7
字　　数：140 千字
版　　次：2024年 1 月第 1 版
印　　次：2024年 1 月第 1 次印刷

ISBN 978-7-5001-7463-9　　　定价：69.00 元

版权所有　侵权必究
中译出版社

献给我的家人，
他们都是优秀且彻底的哥布林

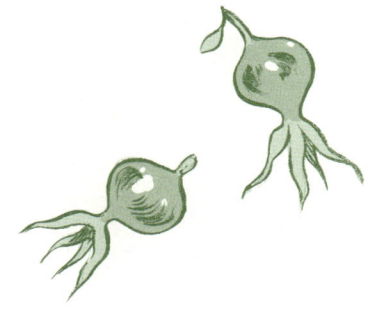

目录

引言 ·· 1

第一章 哥布林,就是我们自己 ·· 5
    谁能成为哥布林? ··· 8
    为什么是哥布林? ··· 9
    哥布林巨星(受欢迎的哥布林) ·· 11
    小心这些危险! ·· 13
    哥布林生活的样子 ·· 15
    哥布林守则 ··· 18

第二章 翻翻石头 ·· 27
    大自然无处不在 ·· 31
    把自然带回家 ··· 36
    不要忘记低头看看 ·· 40

第三章 装点你的小窝 ·· 53
    杂乱?我绝对有发言权 ··· 55
    你要收集些什么 ·· 57
    展示出来 ·· 58
    "不用整理"的改变生活的魔力 ·· 64
    超越视觉 ·· 70
    拯救没有园艺技能的哥布林 ·· 75

第四章　青蛙和蟾蜍是朋友 ……83
寻找你的生物榜样 ……85
介绍一下：一些很酷的青蛙 ……91
黏糊糊的明星 ……96
照料和饲养这些生物 ……102
与生物交流 ……107

第五章　哥布林市场 ……113
如何在树林和绿地上觅食 ……115
九种你不知道可以吃的植物 ……120
你的野生药箱 ……126
城市哥布林的觅食指南 ……128
可食用和药用的植物 ……140

第六章　哥布林的服饰 ……147
重新思考你与衣服的关系 ……148
穿上更舒适的衣服 ……150
配饰是哥布林最好的朋友 ……158
关于节俭的小提示 ……164
组织哥布林服装交换活动 ……170
修修补补再升级 ……173
更多关于升级改造的想法 ……181

第七章　泥浆浴 ……189
哥布林水疗日 ……191
沉溺的好处 ……194

用来放松和学习的清凉气味	200
冥想	204
培养一支哥布林队伍	208
结语	214
译后记	216

引言

欢迎回家，哥布林们

如果你拿起了这本书，说明你大概是想了解你自己的哥布林天性——即使你还不确定这意味着什么。你可能正在寻找进一步接触自然并找到自我存在感的方式；你可能正在寻找这样一个社区，它由一群不会随意对人品头论足且充满好奇心的人组成，这些人与你有相似的兴趣（无论这些兴趣是多么离经叛道）。你或许厌倦了一直附庸风雅、装模作样，正在找寻一种让你更舒服、更能代表你自己的东西。无论你是否有这些冲动，哥布林模式的生活可能正是你想要的生活方式。

我们生活在一个重视完美和一致性的文化当中，所以如果我们有任何与众不同之处，就会怀疑在这个世界上是否还有自己的一席之地。我们的身份和关系被归结为最简单的形式，以便更容易地被我们消化。哥布林的生活方式恰恰反击了这种认为我们必须干净、光滑、完美无瑕才能存在于这个世界的想法，脏脏的、黏糊糊的怪人和其他人一样值得被爱。我们的价值并不是由我们如何展现自己来决定的。

但我们所说的哥布林，到底是什么意思呢？首先，嗯，你知道的，就是一种名为"哥布林"的妖精！一个来自童话故事和民间传说的奇怪小家伙。而从这些怪异的小家伙们身上，我们得到了"哥布林核"（goblincore）的灵感。"哥布林核"是一个起源于社交媒体的术语，用来描述一种涉及服装、装饰和整体形象的特定组合。在词的末尾添加"核"（core）这样的后缀，表明这种特定的服装-装饰-形象的组合与某种品味或氛围紧紧绑定在一起的。所以说，哥布林核是一种品味，它受到哥布林的启发，让人联想到哥布林。什么样的东西会让人联想到哥布林——任何"哥布林"妖精喜欢的东西，比如蘑菇、泥巴和虫子。哥布林核是一种美学，正适合我们这些觉得极简主义缺乏条理，呼嘎（Hygge）[1]生活太过邋遢，而其他方式可能又有点太难办的人。

如果你觉得这些听起来很有趣、很刺激，或者对你来说很熟悉，那么这本书你就拿对啦。从这本书中，你会学习到如何将哥布林精神融入你的日常生活中。从保持敏锐观察能力的练习，到为你的生活带来更多哥布林风格的手工艺品，再到为你的家和衣橱带来哥布林般美妙的时尚和装饰小技巧，这本书提供了各种各样的建议和活动，帮你释放内心的哥布林。你对参加更多的户外活动，或者花更多时间在你的服装上感兴趣吗？你想学习觅食还是了解青蛙？在这里，你不必选择！你可以了解你的哥布林内心渴望的所有奇怪爱好和非同寻常的兴趣。

也就是说，哥布林生活适合所有人。它可以像你想的那样简单，也可以像你想的那样复杂，最终由你决定成为什么样的哥布林。哥布林世界欢迎每一个人，而且它可以教给我们如何

---

[1] 一种源于丹麦的生活理念，包含了毛绒材料、绿色植物、暖色调等元素，意在追求一种极度舒适的感觉。——译者注

创造一个更加包容、有趣的世界。拥抱内心的哥布林意味着我们要去拥抱那些曾被教导去忽略的东西——好的东西、奇怪的东西、难搞的东西——它们都关乎人类本性。这要求我们重新接触内心的孩童，并让其重新掌舵。如果你觉得这听起来还不错，那么你可能就是一个哥布林。

第一章

哥布林，就是我们自己

为什么我们会向往哥布林生活

当你上下滚动手机屏幕，浏览社交媒体中一张又一张照片，照片里米色的油漆、光秃秃的墙壁、低调的高品位家具，以及角落里的一棵龟背竹或无花果，这会让你不禁想问自己："这就是成为一个成年人的意义吗？这就是向人们展示我很有格调的唯一方式吗？极简主义是唯一被认可的潮流吗？"幸运的是，答案当然是否定的。

虽然极简主义看起来很美，而且对很多人来说感觉很真实，但它并不适合所有人。如果你是那种喜欢宅在家的人，相比于那种一尘不染的时尚，你或许更喜欢精心策划的"乱糟糟"。如果你想把非常多爱好和兴趣自豪地展示出来，不愿意把它们藏起来，那么你可能已经很难适应这种以精简美学为第一要义的潮流了。但没有关系！你的品味远比某个单一的潮流重要得多——没有人可以在某一种室内设计风格中找到全部的自我。人实在是太复杂了。

作为一个哥布林，就是要让自己敞开心扉，接受自己具有多面性这个事实，并意识到每方面的自我都值得被庆祝。无论是通过重新装修你的家，或是用古怪的风格打扮自己，还是留出时间做你喜欢的事情，抑或是通过找到照顾自己的新方法来庆祝，你都不必因为没有顺应潮流而贬低自己。正如你将了解到的，哥布林的生活方式鼓励怪异、赞美杂乱，而且最重要的是，它主张你在舒适和幸福中找到力量。所以，为什么要强迫自己适应一种并不适合自己的生活方式呢？你明明可以选择哥布林式的生活呀。

哥布林既热衷于收集各种酷酷的饰品，也对寻找既能筑巢又能打洞的家具感兴趣。哥布林喜欢大自然，但也喜欢大自然中奇怪的部分。哥布林核是苔藓、蘑菇和蜗牛；哥布林核也是舒适、温馨的美学，它欢迎包括怪人在内的所有人，而且特别欢迎怪人；哥布林核还集舒适感、怪异感、DIY技能和对自然的向往为一体，并把它们揉成一个大大的、柔软的苔藓球。在这个过程中，它也吸取了一些对风格和品味的既定想法，并且颠覆了它们。

但哥布林核不仅仅是一种装饰风格，它也是一个蓬勃发展的在线社区，为那些并不总是合群的人服务。社会往往会对人类自由发展产生的各式体验进行简化，而这些不合群的人就像在被精心修剪的草坪上长出的蘑菇，非常孤独。哥布林社区欢迎每一个曾经因为身份、能力、种族、阶层或是兴趣而感到被忽视的人。过哥布林的生活意味着重新找回你所有因为"怪异"而放弃的激情和兴趣，并尊重那些曾让你觉得自己是个局外人的事情。

哥布林是欣赏其他怪人的怪人。他们喜欢其他人不喜欢或习以为常的东西。他们认为那些奇怪的、看似无关紧要的东西很酷，甚至将其当作心爱之物。哥布林是时尚的缔造者和潮流的引领者，他们藐视风格、实用性、性别和资本主义的各种规则。哥布林的生活信条是：一个人眼中的无用之物应该是其他所有人的宝藏。谁不想成为一个哥布林呢？

谁能成为哥布林？

任何人都可以！如果你想成为一个哥布林，那么你就是一个哥布林。当然，想成为哥布林的人的类型往往比较特殊（出于某些原因，并不是每个人都想成为一个有趣的小家伙）。网上的哥布林核社区主要是由神经多样性人士、性少数群体（特别是变性群体和非二元性别群体）、反资本主义者、内向的人、艺术家、自然爱好者、雅加婆婆（Baba Yaga）[1]和尤达宝宝（Baby Yoda）[2]的粉丝、乌鸦发烧友、哥特园艺师，以及其他很酷、甚至有点边缘的人所构成的。

哥布林的生活方式更容易吸引这些人群，因为它提升了一切奇特却被忽视的东西的地位。它赞美怪异，并提供了一个热情友好的空间，用来分享你今天在地上发现的所有奇怪小东西。网上的哥布林核社区欣赏手工制品和通过探索发现的东西，而不是工业制造品和购买来的东西；欣赏那些有缺陷和不寻常的东西，而不是经典的美丽的东西，以这些方式积极地回击了许多社会规范。正因为如此，那些经常被排挤和边缘化的群体可以在一众哥布林中找到自己的家。

---

[1] 又称芭芭雅嘎，是斯拉夫民间传说中的女巫，住在森林里的魔法小屋中。由于她生活在社会规范之外，总是遵循自己的规则，她已经成为现代女性力量和解放观念的化身。——译者注

[2] 2019年迪士尼网剧《曼达洛人》中的一名角色，因与尤达大师（《星球大战》系列作品中的重要人物）同一种族而得名。——译者注

在社会的大草坪上，哥布林们为自己挖出了一个空间，在那片以往被过度灌溉的草地泥土里种上了苔藓、野花、蘑菇和歪脖子树。哥布林们致力于创造一个新世界，这个世界比我们现在的世界更具包容性（也更奇怪、更混乱、更绿色）。任何支持这个新世界的人，欢迎你们称自己为哥布林！

为什么是哥布林？

在所有传说中的神奇森林居民里，为什么选择哥布林作为吉祥物？简单来说，这是因为哥布林完美地符合这些关于舒适和怪异的想象。哥布林通常被认为是精灵的一个亚种，尽管他们通常被描绘得比精灵或神话中的其他生物更加阴暗、更不高雅，他们是俏皮、叛逆、幻想的生物，与自然有着特殊的联系。哥布林核是一种努力做到怪异、非传统、神奇和自然的美学。在这种美学中，哥布林代表了对某些事物的热爱，这些事物就像他们自己一样——奇怪，不按常理出牌，也许还有点乱糟糟的。

在童话和传统故事中，哥布林与自然界有很强的联系，而且他们不被自然界中那些通常被认为有吸引力或令人愉快的部分所吸引。他们更喜欢蘑菇和飞蛾，而不是鲜花和蝴蝶。哥布林同自然界中经常被忽视的部分有一种很深的亲密关系，因为他们理解那种被忽视的感觉。作为精灵家族中最不寻常的分支，哥布林致力于提升所有奇怪和不同寻常的事物的地位。

哥布林也喜欢四处找寻美丽的物品来收藏和分享，但他们对美的定义非常宽泛和个性化。他们重新定义什么是宝藏、什么是美的东西。大多数人不会想着把泥土罐子、干植物或一捆捆树枝放在身边作为装饰，但哥布林们知道，这些怪东西可以体现个人意义，而且笃定对美的判定因人而异。他们不是在囤积垃圾，而是在用他们独特的风格建立社区。对于哥布林来说，收集特别的宝藏是一种很好的方式，可以由此结识有相似喜好和兴趣的人，而且这些人也会喜欢自己的收藏。这是一种磨炼品味和扩大社区规模的方式。

因为哥布林们致力于收集和拥护那些潮流和流行之外的想法和物品，他们也是代表反资本主义的形象。哥布林社区所拥护的服装、装饰、珠宝和艺术在很大程度上是免费的、捡来的或是自制的。作为一个哥布林，你并不需要花很多钱买新东西，而是要在已经摆在你面前的东西中发现美。这与重新解释什么是美有关，也与重新解释对某人来说什么是珍贵有关。

哥布林是神奇的存在，他们了解世界的复杂性；哥布林也是反叛者和捣蛋鬼，当他们知道这是正确的事情时，他们就会打破界限。当其他生物倾向于回避生活中的麻烦时，哥布林却全心全意地拥抱它。人们有时会把社会看得很简单，但哥布林们不会这样，他们知道每个人都远比一个简单定义的标签所表达的更加复杂。哥布林们是怪异且混乱的，他们在我们时不时自我厌恶的泥泞里、矛盾的空间里茁壮成长。他们喜欢翻开一块普通的灰色石头，然后发现一个有许多色彩鲜艳的虫子在泥里乱钻的世界。

哥布林巨星（受欢迎的哥布林）

哥布林在历史长河上有许多不同的表现形式，从中世纪到莎士比亚再到希腊神话中的迷宫。在任何童话故事中，如果你抬起一块石头，就很可能发现有一个哥布林躲在下面，旁边还有一些很酷的虫子。哥布林是捣蛋鬼，是调皮的叛逆者，推动了许多著名故事的情节发展。但或许，你可能想在全身心地投入到你自己的哥布林生活前，了解更多关于哥布林的文化历史，又或许你正在寻找一个哥布林模板。没问题！让我们通过玩"你是哪种哥布林"的游戏来看看历史上一些比较知名的哥布林。

经典哥布林，来自童话故事。你是一个调皮的小家伙，喜欢制造麻烦和恶作剧。你很容易被激怒，而且当你生气时，你很难控制自己的脾气。有时这可能导致你比真实的自己更可怕，但在内心，你是善良和仁慈的。你按照自己的规则行事，但这并不意味着你的规则欠考虑或者不务实（至少你自己是这么认为的）。

迫克（Puck），来自威廉·莎士比亚的《仲夏夜之梦》。就像童话中的哥布林一样，你喜欢恶作剧。然而，你不太在意细节，在做任务（甚至是重要的任务）时经常会分心。这可能是因为你有严重的主角综合征（Main Character Syndrome），你太忙于琢磨你的下一条"明星"台词，而没有精力关注别人的生活。也可能是因为你对事物的优先级判断与其他人有些不同，你宁愿花时间去玩，也不愿意听从别人的吩咐。

《碟形世界》里的哥布林（来自特里·普拉切特的幻想小说）。你聪明又古怪，令人印象深刻，因为你超级超级古怪。然而，你对自己离经叛道的兴趣和古怪的嗜好感到非常自豪，人们也因此学会了尊重你。与其他哥布林类型不同的是，你对细节和机械很有研究，而且你把这些天赋用于做好事（大概是吧）。

贾斯（Jareth），哥布林之王（来自电影《魔幻迷宫》）。你有无可辩驳的魅力，即使是那些不想喜欢你的人也会被你吸引。和其他哥布林一样，你也十分叛逆并爱制造麻烦，但和其他哥布林不同的是，你有种浪漫主义英雄的诱惑力。最重要的是，你也是有史以来最富有戏剧性的人。许多哥布林都有戏剧的天赋，但在纯粹的奇观面前，没有人能够与你相提并论。

绿魔（Green Goblin），来自漫威漫画。你真的很讨厌蜘蛛侠，你是威廉·达福，而且你还有一块超级厉害的悬浮滑板。但不幸的是，你必须满足所有这些条件，才能成为绿魔。

你可能已经注意到，无论你与哪个哥布林联系最紧密，这些对不同的哥布林的描写都有很多共同点。这些哥布林在很大程度上都是调皮的【不然你以为"像迫克一样"（puckish）这个词是怎么来的？】、爱玩的、叛逆的，也是聪明的。这里的哥布林有种不时近乎黑暗的乐趣感，但一般来说，他们能够很熟练地游弋于怪异和阴险之间。

同样值得注意的是，这些哥布林都是怪人。这是作为一个哥布林的核心。哥布林规则的第一条就是要做一个怪人。你的个人怪异类型可能会有所不同——也许你更像是一个"知道每一种蘑菇"的哥布林，而不是一个"真正致力于在每次穿搭里都穿上马甲"的哥布林，但所有的哥布林都真诚拥抱自己的怪异，并将其彰显于外。

小心这些危险！

总之，作为一个虚构人物，哥布林总会与一些不好的事物相关联。从历史上看，哥布林常被描绘为一种邪恶的、贪婪的、长着鹰钩鼻的生物，这种夸张化的形象常被用来传播对某些人的仇恨和恐惧。想象一下《哈利·波特》中古灵阁银行（Gringotts）的哥布林。那些哥布林基本上是漫画中讽刺与诋毁的模板：尖牙、钩鼻、爪指、尖耳、充满敌意，并实际掌控着银行。坦率地说，这令人震惊。在提升哥布林形象的同时，我们也必须承认（并拒绝！）哥布林形象被用于偏见与误解。哥布林核是为每个人服务的，因此宣扬仇恨和歧视是违反哥布林守则的，你将会在本章末尾了解到这一点。

当你从奇幻故事和艺术中寻找你的哥布林榜样时，要注意以下危险信号。

- **贪婪**。哥布林是收藏家，但他们喜欢分享他们发现的东西，并让大家一同享受他们收藏的乐趣。如果一个哥布林非常贪婪或疯狂囤积东西，那它可能是被用来讥讽与挖苦的陈词滥调。

- **邪恶**。哥布林是酷酷的、有趣的叛逆者——他们绝不是邪恶的！毫无疑问，哥布林有时可能是惹人爱的捣蛋鬼，或者是有思想的离经叛道者，但他们并不是坏人。故事中的邪恶哥布林可能是被污名的，或者他们也许只是坏的榜样，但无论如何，我们要与这些邪恶哥布林保持距离。

- **肮脏**。哥布林有时会有点泥乎乎的，因为所有的优秀园丁都会在指甲里沾点泥土，但这不是肮脏或者不洁。渲染哥布林所谓的不讲卫生形象可能是在表达歧视与傲慢或其他类型的仇外心理。（美国白人还真是爱给其他群体扣上"不洁"的帽子。）

如果你仍然担心哥布林是糟糕的，那就花点时间读一读吧！不同的人会有不同的感受，但最终是由你来决定什么是正确的。如果你在选择前能够保持深思熟虑、富有见识，你就不容易出错了。

哥布林生活的样子

现在，你可能会好奇哥布林的生活方式到底是什么样子的。但有可能，你已经比你想象中的更加接近这种生活方式了。哥布林社区喜欢的东西有手工编织的衣服（尤其是那种不太完美的手工编织品）、装满神秘物品的可爱玻璃瓶、水晶和干植物、旧书、生长在旧罐子里的草药、点燃的蜡烛、动物的骨头、药柜和贝壳。但是，如果你不喜欢某种特定的外观，那可能只是因为你并不是这种类型的哥布林！毕竟重要的是寻觅一种让人舒服的杂乱：被你自己最喜欢且熟悉的东西包围住，被那些让你有家的感觉的东西包围住，而不必担心是不是要整洁或要体面。简单来讲，哥布林的小窝给人的感觉就像在森林里散步，走到一片柔软、长满青苔的空地上，云层厚度刚刚好可以让阳光变得暗淡，空气凉爽但不寒冷，你以前从没有想过要在森林里睡觉，但现在，你不确定你是否还想要在别的地方睡觉。

要开始你的哥布林之旅，可以随意地从身边小事做起。在看电视之前，把你所有的毯子堆在沙发上、床上或者地板上。穿上你最喜欢的、最舒适的三件衣服（它们越不相配越好）。花一天时间做一个简单的手工，比如在石头上涂鸦或者用纸和绳子做一个蘑菇花环。成为一个哥布林不用太多东西，因为哥布林根本就不需要太多东西。哥布林的生活强调发现周边的美,所以你可能不用去商店就能把你的整个空间装饰成哥布林风格。

哥布林喜欢手工制作的物品,所以掌握一些基本的手工制作技巧,可以为你的哥布林空间增添一些额外的魅力。这些技能不需要花很多钱——基本上你需要知道的任何东西都可以在网上(或在当地图书馆)免费学习,而且如果你知道去哪里找的话,许多工艺用品都可以很便宜甚至是免费地找到或制作。

编织和钩编、园艺、黏土塑形、刺绣和制作珠宝这些都是不难掌握的爱好,你可以很容易地根据自己的技术水平制作它们。而且你可以在本书里学习到一些基本技巧!如果你只是在编织方面做得不错,那么你可以专注于制作各种各样的围巾。如果你喜欢黏土,但又不想去烧窑或用陶轮,那就找一些风干的黏土,做一些小蘑菇。用对你有意义的东西装饰你的小窝吧,因为这些东西可以代表你的激情和能力。还有什么事能比一直被为自己制作的小礼物紧紧包围更舒适呢?

为了让你的哥布林之旅开始得更加顺利,这里有一些关于制作简单装饰品的小想法供你参考,无论你的技能水平如何,你都可以制作。(事实上,你越不熟练,你的手工艺品可能就越有哥布林的味道。)

- 把纸(或毡)剪成蘑菇的样子,对它们进行装饰,然后把它们粘在绳子上,做成一个蘑菇花环。

- 你有多余的罐子或玻璃瓶吗?把里面的东西拿出来,然后在每个瓶子里装上不同的东西——可以是毛线、泥土、茶烛、水晶，任何你拥有的东西。

- 毛毯。把它们放得到处都是。这不是一个真正意义上的手工项目（除非你想自己做毯子），但可以尝试把它们系在身上，然后称之为"自制衣服"。

- 去散步，然后摘一些花和叶子。把它们压在一本厚书的书页之间，或者把它们倒挂起来晾晒。

- 找些不用的旧罐子，用泥土填满，然后在里面种点东西。

- 用黏土制作小青蛙、蘑菇、飞蛾或老鼠，这样你的空间里就有了一些朋友。如果你没有黏土，你可以用画笔把它们画出来，然后把画挂在墙上。

拥抱哥布林风格也意味着穿上可以反映你的哥布林感受的衣服。这并不意味着你需要买一整个衣柜的新衣服，而是说你可以重新思考你的服装选择，以最大限度地提高你的舒适度，并强调出你的个人风格。这里有一些简单的方法，可以让你开始像哥布林一样搭配衣服。

- 尝试叠穿，特别是叠穿那些你通常不会想到要一起穿的单品。混搭不同的颜色、图案和质地，找到让你感觉新奇又刺激的有趣组合。

- 确保你的穿搭让你感到舒适，无论是精神上还是身体上。不要穿任何让你感觉不舒服或不自在的东西。如果你尤其偏爱某些质地裁剪的衣服，那就向它靠拢吧！穿任何让你觉得舒服的衣服，无论你是在哪里找到的。

- 配饰！戴上所有你喜欢的戒指、别针、补丁、帽子、袋子和手套。在任何时候都带着一只毛绒青蛙。只佩戴你自己制作的耳环。还有很多非常棒的方法可以为你的配饰带来一些哥布林气质。

- 循环利用、勤俭节约、缝缝补补，给你的衣服打上补丁，这样你的衣服就可以坚持更久的时间，看起来会更有个性。这些方法不仅对环境非常友好，而且还能使你的风格更上一层楼。

当然，如何以最对胃口的方式来解释哥布林身份，是你的个人自由。如果你不喜欢青蛙或者蘑菇，也可以在你的造型中加入更多的苔藓和石头。你大可以换掉一些东西来使你的哥布林本性更加适合你。

哥布林守则

现在是时候制订哥布林生活方式的守则了！很显然，哥布林核是一种美学，也是一种装饰风格，但它远不止于此。要成为一个哥布林，有几个观点是你需要接受的。这些守则并不是要制定严格的规章制度和实施惩罚；相反，它是一些比较宽松的规定,可以大致引导你追求哥布林的生活。不要把它看成是一套绝对的准则。当你感到与自己的哥布林本性脱节,或者在哥布林冒险中寻找方向时,这个准则会给你一些参考。

没有哪个宣言可以做到全面或者完整,但这个宣言强调了哥布林文化中最重要的部分。请记住,哥布林的生活就是要让周围的世界变得更舒适、更古怪、更幽暗、更有爱。希望下面的准则可以为你的哥布林使命打下坚实的基础。

处处见美

或许说起来容易做起来难,但通过练习,即使是最愤世嫉俗的哥布林也能恢复他们的好奇心。哥布林可以欣赏传统意义上的美,但他们真正喜欢的是在奇怪和意想不到的地方发现美。也许人行道上有一个心形的裂缝,或者一个孩童时期的玩偶开始看起来像被幽灵缠身(友善的幽灵)。也许某棵树下的泥土让人感觉特别凉爽和柔软,或者洗碗机的声音奇怪地令人舒服。美不是非得看起来,或者感觉上、听起来、尝起来有什么特别的地方。作为哥布林的乐趣之一,就是用你自己的标准来重新定义美,然后用你生命中的每一天来寻找各种有奇怪、怪诞之美的闪光时刻。

拥抱你的怪异

读到这里,你应该明白哥布林是很奇怪的了。他们是混乱的、迷人的、有野性的小家伙,总是按自己的规则生活。哥布林生活拒绝各种对美丽的定义，以个人想要的方式生活，所以哥布林就是很奇怪的生物。要成为一个真正的哥布林，你必须认识到一直以来你身上的各种怪异之处。对那些同事听到后会感到震惊的事情保持加倍的兴趣；不以社会所接受的方式，而是以你真正感觉舒服的方式穿搭；探索新的爱好，探索那些你之前认为毫无市场、甚至是有点讨人嫌的爱好。

　　探寻内心深处，我们都有些怪异的地方。哥布林心态只是让这种怪异上升到表面，然后赞美它。你将怪异公开可能会激励到其他人，让他们也可以拥抱那个隐秘起来的怪异自我。或者哥布林心态可能只是让你在日常生活中感到更加快乐、更加自信。但无论是哪种方式，只要你是怪异的，你就赢了。

享受舒适

　　这是哥布林界最重要的守则之一。在成年人的世界里，没有多少东西是舒适的，所有人也都不被允许享受任何形式的个人舒适。总的来说，我们总是被期望把想要的东西放在一边，去支持那些社会希望我们要的东西。但这是一种非常愚蠢的生活方式。如果你在办公室里总是感觉很冷，那么你应该被允许带三件连帽衫和一条毯子来上班。如果戴着耳机阻隔噪音让你有安全感，那么你就应该有权利整天戴着耳机。如果你需要每隔一小时吃一次零食才能正常工作，那么你就应该总是能够得到美味的食物。追求舒适曾是一种特权，但在哥布林们革命性的信念中，生存不是你必须追求才能得到的东西，舒适度也不是。对生存的基本需求的满足和生活中的小乐趣对每个人来说都应该是触手可及的。

舒适并不局限于垒起来的枕头堡和搭起来的毯子窝（尽管这些是一个很好的开始）。舒适意味着为自己留出空间。哥布林们想象着一个每个人的需求和兴趣都得到认可的世界，这是一个激进的新世界，在这里，每个人对自己舒适度的优先考虑都能够得到尊重。

庆祝杂乱

有一种奇怪的现象：我们制作、找寻和购买各种漂亮的东西，到头来却只是把它们藏在壁橱、柜子、抽屉和盒子里。社会期望我们在任何时候都要干净、整洁、有模有样，哪怕是在我们自己的家里，甚至是我们独自一人的时候。这没有任何意义。如果你是一个天性爱乱的人，为什么要把这种杂乱藏起来？不要这样啦，拥抱杂乱吧！把所有让你感到快乐的小东西都拿出来，放在你的周围，这样你就可以在你沮丧的时候看一看它们。用你喜欢的东西包围你自己，并把它们一直放在显眼的位置。杂乱无章是个好方法，可以让你展示你所爱的东西，把对这些东西的爱和关心公开。这是一个好机会，你可以温柔地对待你所爱的东西，并通过外显的方式，表明你有多在乎它们。

哥布林的杂乱并不是随意地把东西散落在四周。（尽管如果你愿意的话，也可以这样做一点。）它要求你深思熟虑，反思你所爱的东西对你意味着什么，然后以一种可以表现这些意义的方式来展示它们。这要求你真正思考和庆祝那些你拥有的东西，而不是漫不经心地胡乱消费。把你自己裹进喜欢的东西堆里，你将会永远想起那些让你感到特别和与众不同的小东西。哥布林的杂乱允许你在意自己已经拥有的东西，并在其中找到快乐和成就感。

做一个友好的社区成员

没有哪个哥布林是一座孤岛。在网上，哥布林核以热情和有爱的社区而闻名，因为即使是最内向的哥布林也知道，作为一个哥布林，有其他哥布林陪在身边会更好。也许你的哥布林社区基于互联网，又或许是你线下亲自参与的。也许你的哥布林社区由一群会给彼此手写信件，并用火漆封口的人构成。你的社区可以是任何你想要的样子，而且相比于独自前行，社区会给你的哥布林经历带来更多快乐。

哥布林的主要共识是要反击社会的规范和对美的规定，并在这个世界上找到一条新的道路，而当你独自一人时，你很难创造一个这样的新世界。这世界上有那么多奇妙的哥布林，他们有着伟大的想法和超酷的宝物，而且他们都投身于这种有趣的、充满野性的美学，在这个资本主义晚期的世界里，这是一种惊人的意义和力量。当你与其他哥布林互动的时候，要像你尊重自然界中任何东西那样，确保你对他们给予了足够多的关怀和尊重。倾听他人的意见，注意彼此的界限，谨慎地交流。你是一个哥布林，这意味着你需要认识到自己在一个更大的生态系统中的角色，而有时社交系统便是这样一个生态系统。

另外，你还要确保对于哥布林社区以外的人来说，你依旧是一个好的社区成员。找到一种方法，使你那套特别的哥布林技能可以改善你周围人的生活。哥布林是有思想、有同情心的人，他们可以为更大的社区提供很多东西。如果你很擅长园艺，也许你可以帮助你所在的地区打造一个社区花园。如果你真的很擅长编织,那就为你的邻居编围巾和帽子。你可以从比这更小的事情开始,例如只是给你的朋友们提供哥布林关怀礼包(装着你找到的酷酷的小东西的袋子)。任何关爱的行为都可以产生巨大的影响,而且没有什么事情比创造变化(或许也会造成恶作剧)更让哥布林们喜爱万分。

尊重自然

所有的哥布林都是大自然的一部分,所以所有的哥布林都应该尊重和敬畏他们的家乡——大自然。但是,哥布林们也知道,大自然的定义远远不止于漂亮的花朵、荡漾的小河和美丽的风景。大自然是一个宏大的、美丽的东西,由所有细小的、琐碎的东西,共同构建而成。大自然不仅仅是野花,还是养育花朵的蚯蚓和泥土,散播种子和授粉的鸟儿和虫子,以及生命循环中不可或缺的组成部分——死亡和腐烂。哥布林喜欢大自然的一切,尤其是那些很容易被忽视的部分。

作为一个热爱自然的哥布林,并不意味着你需要住在森林里,每天只靠吃植物度日。你可以成为一个生活在郊区、大城市,甚至沙漠的热爱自然的哥布林。大自然无处不在,无论你走到哪里,你对大自然的关爱,远不只那种遥不可及的零垃圾排放的生活方式。用空的酸奶杯给自己打造一个小小的窗台草药园;在人行道旁边的草丛中撒上对蝴蝶无害的植物种子;收集你找到的石头、树叶、花朵和羽毛,然后把它们展示出来,把大自然带入你的空间。有很多方法可以让自然进入你的生活，你也因此能够随时随地关心大自然了。

寻找能赋予你力量的东西

哥布林心态鼓励每个人选择最适合他们长久幸福和舒适的生活方式，拒绝被主流文化裹挟。作为一个哥布林，就是要找到能赋予你力量的东西，并围绕它建立自己的生活。我们的社会过于追求"统一"与"唯一"，但哥布林社会则相反。哥布林会为你在自己的身体和空间中感到舒适而庆祝。为了融入社会普遍趣味而做的妥协并不能得到哥布林们的青睐，他们只对那些让人感到自在的衣服、装饰品和兴趣爱好欢欣鼓舞。

归根结底，作为一个哥布林，就是要在一个喜欢忽略怪异和肮脏的世界里创造一个怪异、肮脏的小家。有时这可能是一件可怕的事情，所以你需要用你的舒适和激情来武装自己，提醒自己，你和其他人一样值得拥有这样一个地方。找到那些能

让你感到强大、感觉值得拥有空间的东西，抓住它们，用它们来装饰你的小窝，然后与其他人分享，创造一个强大的哥布林网络。赋予自己，也赋予他人权力，让世界上的哥布林空间更大，更诱人。

第二章

翻翻石头

与大自然里的
丑东西合拍

有很多人觉得他们不想，或不需要与自然接触。永远，永远，这辈子都不需要。这可能是因为他们觉得泥土太脏，动物太可怕，而虫子又有点恶心。其实，更有可能是因为现代人与自然之间已经严重脱节了。大多数人其实从来没有被教过应该如何与自然互动——甚至连如何找到自然都不知道。

　　现代人主要生活在城市和郊区，在这些地方，我们似乎没有必要知道某种浆果树有没有毒，或者判断一个动物是不是生气了。这很正常，而且也很有道理——为什么要学习一堆你可能永远不需要的东西？但这意味着，当人们不得不与大自然互动时（无论住在哪里，某些时候我们确实都会这样做），他们就会以恐惧、不信任和无知的态度对待大自然。他们不认为自然是一个可以找到快乐和舒适的地方，还觉得自然是一种让人害怕的东西。

　　但自然的真实面貌并非如此！大自然就在我们身边，它可以为我们提供很多东西。花点时间与大自然相处已被证明可以帮助我们有效减少压力并改善情绪，大自然也成了一个不用花钱、也不期待我们要付出点什么的地方，我们可以在其中思考，感受自己的存在。现在几乎去任何地方都要花钱，而且这种情况越来越多。我们可以免费去，而且是不期望或强迫我们花钱的地方很少。但是散步、去公园，甚至只是站在外面，都是免费的。花时间在户外是一种反资本主义的激进行为（这也是哥布林们都喜欢这样做的一部分原因）。

　　去户外也为我们提供了一个释放好奇心的好机会，让我们得以思考生物之间的联系，我们可以用不同的方式动动身体，近距离地观察世界是如何运作的。你可以坐在屋里读一本关于蚂蚁的书,或者到外面跟着一些蚂蚁走一个小时,看看它们在做什么,然后用新的眼光回看那本关于蚂蚁的书。我们可以从户外学到很多东西,从而了解我们的世界,并让我们更好地了解彼此。

当然,户外逐渐被定位为富人、白人、身体健康的人的游乐场。当我们在谈论自然时,就不能不谈论我们接触自然机会的匮乏——无论是身体上的还是社会上的,而且将自然视为私产的安保人员也几乎无所不在。上一个发帖说要去远足的人,可能是一个瘦小的白人明星,他跑上了洛杉矶的那座"山",瘦小的白人明星总是喜欢爬那座"山"。

财富提供了更多接触绿色空间的机会,无论是眼前的还是远方的。想一想纽约市里可以看到中央公园的公寓有多贵。【顺便说一下,中央公园的一部分土地源于对一个叫塞内卡村(Seneca Village)的黑人社区的侵占。】富人的门外就有绿色植物,而且他们还有能力去旅行,看到更多的大自然。如果富人都在为自己积攒各种接触自然的机会,那么自然一定是对我们有好处的。

如果你有任何形式的残疾,或者健康有点问题的话,去公园或用其他方式接触自然确实不太方便。徒步旅行的小径上往往没有铺设好的小路,公共浴室和休息空间也没有得到很好的维护,而且去大型公园或自然区还意味着有被滞留的风险。我们并不总是认为接触自然界需要畅通无阻,但它确实应该这样。显而易见的是,每个人都应该有机会接触户外,我们需要努力让户外空间变得没有障碍，但这几乎难以落实。

那么，如果大自然如此伟大，但我们又无法进入，那我们该怎么办呢？嗯，很明显，我们需要把它偷回来。毕竟我们是哥布林呀。大自然是属于人类的，而哥布林是为人类服务的。鼓起你所有的哥布林力量和勇气，出去走走吧。如果你可以的话，去公园走走或其他的一些自然区域走走。占领自然空间！拍下你自己的社媒照片！做一个反资本主义的捣蛋鬼！参与到户外活动这种激进行为中，并鼓励你的哥布林朋友也这样做。

如果你想在外出前更多地了解自然和当地的生态系统，下面有一些增加你的自然知识储备的好方法。

- 图书馆！哒！所有图书馆都是对哥布林很友好的空间，因为图书馆是致力于服务社区、分享知识的公益机构。

- 看看你周围公园的管理机构——你可以去他们的办事处看看，或在网上研究他们。他们可能会有很多关于当地公园和生态系统的信息。

- 访问本地的鱼类和野生动物的服务网站。这些都是了解各种当地动物和它们栖息地的重要学习资源。

- 参观一下当地的社区花园。如果你附近没有社区花园，你或许可以借此机会建一个。社区花园不仅为人们提供了一个可以聚集的绿色空间，还可以教授人们大量实用的技能。

- 参观一下当地的植物园，然后问很多很多问题。植物园超级棒的，尽管它们通常不是免费的（唉，无奈）。但如果你有能力参观，那这就是一个在可控的且有教育意义的环境中与大自然互动的好方法。（有很多卡片告诉你不同的植物是什么，而且你大概率不会被熊袭击。）

当你参观这些地方时，要多向专家提问题！说实话，向专家询问有关他们专业领域的问题，对每个人来说都是一种享受。你可能不敢和园丁或公园管理员交谈，因为你觉得这样会打扰他们，但换个角度想想，你们之间的交谈没准会让他们开心一整天呢。

大自然无处不在

思考一下：大自然。你在思考吗？你的脑海中出现了什么画面？可能是在微风中摇曳的树木，可能是缓缓流淌的溪水中闪烁的河石，也可能是在晚霞里变成粉红色的雪山——通常这些就是罗伯特·弗罗斯特（Robert Frost）、沃尔特·惠特曼（Walt Whitman）和约翰·缪尔（John Muir）笔下的壮丽景色，我们将它们统称为大自然。当然，这种类型的自然是美好的，诗人喜欢写它是有原因的。然而，并不是每个人都有机会进入荒野，即使他们有机会，荒野对他们来说也可能是完全不同的。（毕竟，这世界上有七种生物群落。）

资本主义喜欢对各种东西进行分类，所以我们大多数人被调教成了总是通过如此狭窄的视角来看待自然的样子，这真是一点也不奇怪。我们只有在看到灰熊（grizzly bears）和白大角羊（Dall sheep）时才会想起"野生动物"，而在看到松鼠和老鼠时却想不起来。我们只有站在山顶时才会想到"绝美的户外"，而不是每次走到户外时都有所感。世界上确实有一些地方可以像诗人说的那样让人感受到野性和桀骜不驯，这的确很不错，但我们想象一下，如果我们的后院没有国家公园呢？我们接着想象一下，如果我们生活在城市或郊区的某个地方，我们今天下午接触到的最像爬山的时刻，就是爬楼梯而不是坐电梯去办公室。我们如何与大自然接触？我们在哪里可以找到它？而且最重要的是：大自然是免费的吗？

好消息，有抱负的哥布林们。自然无处不在。因为我们一直生活在地球上，所以我们经常忽视了这个事实，但地球实际上就是由自然构成的。我们一路走来，到处都是自然。你看的每一个地方，都是自然。你走过的每一个地方，都是自然。看看你的窗外，你看到天空了吗？天空中的云彩？太阳、月亮还有星星？鸟儿，也许是麻雀、椋鸟或者大雁？所有这些东西都是自然。你自己就是自然——你是由自然组成的，你的生活依赖于自然，而且你在自然中。你就是自然，你是自然世界的一个重要部分。如果你学会用这种观点看你周围的世界，你就会发现你与自然的联系比你想象中的要多得多。

下面这个练习，可以帮助你看到自然。

1. **穿上衣服，走到大门外。**确保是让你穿着舒服且与天气相适宜的衣服，而且是可以让你四处活动的衣服。

2. **去散散步吧，但要慢慢地走。**如果你生活在一个繁忙的城市，这可能意味着你必须待在人行道的边缘，避开人们的视线。（请注意，即使你认为你的城市不允许你慢慢走，但实际上这是完全合法的，而且其他人也一直在这样做。还请注意，我把步行作为一个很笼统的术语，如果你要用可以帮助你移动的各种辅助工具，无论是什么样的工具，你都仍然可以参加这个练习。）

3. **看看四周。**花一些时间抬头看看天空，再花一些时间低头看脚下。或许你可以在每当看到一棵树或一个灌木丛时就停下来或者放慢脚步，然后花几秒钟思考这棵树与你上次看到的树有什么不同。给自己一些时间来思考看到的东西，而不是被动地接受它。

4. **注意植物。**如果你在城市里，那么这做起来可能像是在检查那些间隔整齐的人行道上的树，或是在看别人家几层楼高的窗台花箱，又或是在看其他那些被有规划地栽种的绿色植物。如果你在郊区，那这可能就像是在留意某人草坪上的杂草，或是在看人行道上的落叶，抑或是在看邻居的花园。但无论你在哪里，附近都可能有植物，即使这些"植物"只是草。仔细观察这些植物，拍点照片，然后花点时间看看你到底在看什么。找出你喜欢或不喜欢植物的地方。摸一摸植物，看看它在你手里是什么感觉。享受这个与绿色植物互动的美好时刻吧。

5. **为小动物们停步。** 留意一下像蚂蚁和苍蝇这样的虫子。它们要去哪里？它们会停在什么地方？观察鸟或是松鼠偷走别人掉在人行道上的面包圈，观察地铁里老鼠追着被风吹到铁轨上的糖纸跑。想一想为什么小鹿会在这家院子里吃草，而不是邻居家的。这些动物可能看起来比狮子、老虎和熊更平凡、更普通，但这并不意味着它们与世界的互动会更少。我们很幸运，生活在一个有各种各样的动物的世界里。

> 千万千万不要打扰这些动物！不要接近它们，哪怕是松鼠或是海鸥。给所有野生动物一些空间。我们只远远地欣赏。

6. **除了拍照，什么都不要做（除非你发现了一块很酷的石头）**。不要把小动物或当地生态系统的重要组成部分带回家，但如果你看到了一个很酷的石头或树叶，是可以把它捡起来的。（但要确保你所在的地区拿走石头或树叶不是违法行为——有些公园制定了关于带走东西的规定。）树叶可以压在一摞书下面，这样可以保持新鲜，而石头可以作为可爱的装饰品摆在你的公寓里。只要确保不要拿太多的东西就可以了！

7. **做笔记**。当你散完步，可以记录你看到的东西。你可以快速地记下一些你最喜欢的时刻，或者抒发诗情，描写阳光如何在蛛网上闪耀，不管怎么记录笔记都没问题。当你觉得与自然有距离的时候，这些笔记就会是很好的参考，而且它们可以很好地提醒你，自然永远不会真的那么遥远。

把自然带回家

你知道吗，天然石头是指那些被从原来的地方拿走、但在其他方面不做任何改变的自然物品。如果你在外出时捡到一块石头，并把这块石头带回家，放在书架上，而且不对它进行抛光、涂鸦或其他装饰，你就创造了一个天然石头。如果你在后院找到一块石英、一个蚌壳，或者一个小化石，然后把它作为礼物送给一个朋友，那么你就又创造了一个天然石头。（或许你可以在送礼物之前把蚌壳冲洗一下，这样你的朋友就不会得到一个臭臭的礼物了。）这些天然的小东西制作起来很简单——几乎是立等可取。那么，是什么让它们如此特别呢？

事实证明，天然石头的存在时间与人类一样长，甚至在我们成为严格意义上的人类之前就已经存在了。大量的考古遗址发现了由某些矿物或某些特定材料制成的小型自然物体，而这些矿物或材料只有在离遗址很远的地方才有，这意味着曾有一位古人在离家很远的地方发现了一块形状像人脸的石头，并把它带了回来。通常，这些历史上的天然石头在某种程度上来说是美丽的或是引人注目的，所以它们有时被认为是最早的艺术形式之一。想想看，捡起一块很酷的石头并把它带给朋友，这样你就参与了最古老的艺术形式，这难道不是很了不起吗？想到创造艺术可以像认识美并选择分享美一样简单，这难道不是很了不起吗？

沙漠中的哥布林本性

　　我知道你在想什么:"这些关于哥布林的东西的确很不错,但我住在沙漠里欸!蘑菇和苔藓在我附近的生物群落中非常罕见。我还有资格成为一个哥布林吗?"当然可以,任何生物群落的任何人都可以成为哥布林。但我们需要谈谈为什么沙漠生物群系对哥布林的生活方式格外有利。

🍄 **与其找蘑菇,不如找多肉植物**:你是不是在寻找一些奇怪的小家伙?它们应该贴着地面生长,不需要什么照顾,而且物种极度丰富。别担心,沙漠哥布林,你不需要用蘑菇来满足这些需求——蘑菇虽然是所有人最喜欢的真菌,但多肉植物绝对是完美的沙漠版替代品。它们有各种不同的形状和大小,而且它们很容易在室内生长,所以你可以在你的哥布林小窝里养它们。

🍄 **与其找苔藓,不如找沙漠金菊(brittlebush)**:好吧,苔藓实际上是可以在沙漠中生长的(因为它就是可以),但如果你生活在沙漠中,那么你更容易找到的是沙漠金菊。这种小灌木可以到处生长,还开着非常漂亮的黄色花朵,这绝对算是意外惊喜呀。就像苔藓一样,沙漠金菊不仅耐寒还很好看,而且还有很多用途。从胶水到药材,再到清漆和熏香,几乎没有什么是沙漠金菊不能制成的。

🍄 **与其找蟾蜍,不如找蜥蜴**:如果你能找到有鳞的小东西,为什么还要去找那些黏糊糊的小东西?沙漠里有好多很酷的蜥蜴,你甚至不会再想起青蛙和蟾蜍了。此外,蜥蜴超级超级哥布林的。它们的体温非常古怪,它们的鳞片也很古怪,它们是可爱和古怪的结合体。这对哥布林来说可真是太熟悉了,这就是它要的一切。

> 记住,不要接近野生动物,哪怕它们小小的而且很精致!远远地欣赏蜥蜴,它们也会感激你的。

🍄 **与其找蚯蚓,不如找蝎子**:什么?你喜欢那种让人毛骨悚然的可以蠕动的小家伙?喜欢一些不食人间烟火的小家伙?喜欢那种怪异得会让正派人士逃之夭夭的小家伙?如果你找不到蠕虫,那就等等蝎子的出现吧。蝎子就像虫子穿上了盔甲,变得刻薄起来,而我们就喜欢它们这样。和蠕虫一样,蝎子也没有得到很多的爱,所以尽你的哥布林义务,欢迎这些小家伙进入你的哥布林之心吧。

第二章 翻翻石头

不要忘记低头看看

你最后一次到外面去,而且还一直抬头看是什么时候?可能你从来都没有这样过,因为这样真的很奇怪——而且老实说这是不负责任的行为。如果你一直抬着头走路的话,你可能会被汽车或自行车撞到,还可能妨碍其他人走路。(虽然这种行为不会立即威胁生命,但却超级烦人。)但是,有很多人都会告诉你要多多抬头。从你的鞋子,从你的手机,从你的书中抬起头来,看看世界上正在发生什么。

这些人不明白的是,其实脚下的世界也同样精彩。在地上可以找到很多东西,这里举几个小小的例子:虫子(有些虫子超酷的)、泥土、苔藓、树根、人行道裂缝、生长在人行道裂缝中的东西、真菌,以及老鼠和其他很酷的小家伙。这些在地面上的怪东西可有意思了,和你在天空中找到的一样有趣。那为什么不接受向下看看呢?带着你的目标,花更多的时间看看脚下,用这种方式探索世界。让我们来了解一下当你向下看而不是向上看时,会发现哪些很酷的东西。

虫子

让我们来谈谈虫子吧。这些小家伙是怎么回事？你可能听过这样一些数字，说人们每年在睡梦中会吞下八只蜘蛛（绝对不可能！），或者是你离一只蜘蛛的距离永远不超过三米（同样不可能！）。有时候，那些我们所熟悉的虫子相关的常识只是一种反虫宣传。其实虫子并不是坏蛋！它们实际上是非常酷的，而且对生态系统极其重要。它们属于那种真的很微小、规模也很小的自然界，这种自然界存在于你的房子里，也存在于其他任何地方。下面介绍一些所有哥布林都应该知道的虫子。

飞蛾：啊，飞蛾，蝴蝶的表亲，非常平凡，又有点怪异。你可能对飞蛾很熟悉，认为它们是些迷恋灯光的灰色小家伙，但它们远不止如此。以下是我们可以从飞蛾身上学到的一些经验。

- **允许自己有成长的空间**。仅仅因为你一直是一只毛毛虫，并不意味着你将永远是一只毛毛虫。如果你想改变，就要在你的生活中为这种改变创造一些空间（即使一开始只是一个小小的空间）。寻求平静，审视自身，搞清楚你想成为谁。

- **寻找光明**。你可能会看着一只飞蛾对着路灯撞来撞去，然后想："这也太尴尬了吧！"但至少那只飞蛾知道它想要什么。找到你想要的东西，找到那些给你带来快乐、为你提供动力的东西，然后去争取它。不要让任何东西阻碍你，因为你值得找到属于你的光，并站在光里。

蜘蛛：蜘蛛总是被说得很糟糕，但这是不公平的，因为它们是许多不同生态系统的重要组成部分。这里是一个相当支持蜘蛛的地方，所以我们在这里支持我们的蜘蛛小朋友，希望大家多了解它们。下面是一些能从蜘蛛身上学来的经验。

- 创造一个你爱的家。人们觉得蜘蛛网令人毛骨悚然，但那些精致的小网实际上是精心建造的家园。无论你的生活空间如何，都要想办法让你的家有家的感觉，哪怕只是把你做的艺术品摆出来或把你最喜欢的毯子放在身边。拥有一个让你有安全感的舒适空间将改善你生活中的其他方面。

- 为你的生态系统做点贡献。蜘蛛为我们做了这么多，却很少得到感谢。它们一直在努力消灭害虫，使世界变得更美好。下次你看到蜘蛛时，与其惊慌失措，不如问问自己，你能做些什么可以让你的社区变得更加美好，以及你可以怎样安排，来改善你周围人的生活。

蠕虫：蠕虫是一些真正的怪物，但我们因此而喜欢它们。这些蠕动的黏糊糊的怪物是哥布林最好的朋友，因为它们很好地概括了哥布林的生活方式。以下是蠕虫可以教给我们的东西。

- 性别是假的。你知道吗，所有的蚯蚓都是雌雄同体。它们和性别的关系非常复杂，所以清楚地知道这是一种什么样的感觉，但它们也知道，你永远不需要把它搞得一清二楚。性别只是一种表演，你完全可以用它来搞怪。

- 不要害怕弄乱东西。蠕虫的一生基本都在泥土中度过，它们只需要吃东西、拉粑粑和重新分配营养物质。蠕虫的生活方式很好地提醒了我们，只要花更多的时间在泥土里，我们就都可以从中受益，无论这是否意味着真的要多到户外去，还是说要接受自己那些脏乱的样子。我们都有点怪异，有点脏脏的，但这并不意味着我们不值得被爱或被重视。从蠕虫那里得到启示：爱你所在的那片泥土。

苔藓

苔藓是一种简单的小植物，它有一些真的让人不可思议的功能。苔藓可以吸收其重量20倍的液体，而且几乎不需要任何照顾，就可以在任何环境中生长（而且是茁壮成长），并且它非常擅于清洁空气中的污染物。理想情况下，我们都会用苔藓草坪，而不是普通草地的草坪，但考虑到本书主要关注哥布林的小窝，所以下面我们就来谈谈如何制作一个微型的苔藓花园。

苔藓是很难杀死的，甚至它在极度脱水后还能复活。对那些常常是从盆栽开始种植，最后却只收获一盆光秃秃的土的哥布林来说，是一个很好的园艺项目。这个苔藓花园几乎完全可以用你房子或后院附近的材料来制作（当然了，如果你没有后院的话，那你可能需要买一些额外的东西）。

1. 决定一下你期望的苔藓花园是什么尺寸。它可以和一罐薄荷糖一样小，也可以和一个水桶一样大。你可以用任何东西，从茶杯到拉面碗，或者一个真正的植物盆，作为苔藓花园的容器。选择最适合你的空间大小的和最能代表你的容器。

2. 如果你的容器底部没有排水孔，就铺上一层豆砾石（pea gravel）或其他卵石。如果你想花哨一点，你可以在容器的底部钻孔，铺上一层景观织布，然后再加上豆砾石，但我们一般都是简单的人，只用石子就可以了。

3. 放入大约一指半深的盆栽土。在盆土上喷一点水，让土变得潮湿，然后将土压实，使其不再松散。你也可以将盆栽土的形状做成小山脊或者小山谷，以增加苔藓花园的深度。

4. 放置苔藓。在这方面要考虑周全，慢慢地来，温柔地对待苔藓。把苔藓精心地塞进容器里，修剪成你喜欢的形状，如果你愿意的话，还可以把不同的苔藓混合在一起，以获得各种有趣的颜色和纹理组合。你可以用苔藓盖住所有的土壤，或露出来一些土壤，把苔藓完美地修剪到容器中，当然也可以让它悬空一点。这是属于你的花园，所以要确保做出来的是你喜欢的东西。

5. 给花园浇水。每当种植或移植植物时，你都要保证植物和土壤都没有问题，而且应该是湿润的。水不要没过苔藓，但要确保苔藓和土壤都是潮湿的。在你建好花园后，记得定期给它喷水，每周浇两次水——还是那句话，不要太多浇水，只要保证它是湿湿的即可。如果你不确定它是否缺水，可以用手指轻轻地插进土里。如果土是干的，就给花园浇点水。如果是湿的，就给它一点时间，让它变干。

6. 装饰。你可以在花园里放点小石子、干花、树皮、海玻璃，甚至是小雕像。用创意装饰你的花园，并从中获得乐趣。试着制作一个哥布林会很乐意居住的苔藓花园。

7. 给苔藓花园找一个家。当你完成花园的建造后，就把它放在明亮、不被太阳直射的地方。如果你的生活空间没有合适的光线，那你可能需要找一个植物灯，或者把花园放在外面合适的地方。

8. 欣赏它。花一些时间来欣赏你刚做出来的小花园。想一想把它放在你的生活空间里，和你的其他东西摆在一起是什么样子。想一想你在制作花园时都做了哪些事，做出了哪些选择，最终带来了这样一个惹人爱的小绿地。哥布林们喜欢欣赏他们自己的东西，而一个微型的苔藓花园肯定会让你非常开心。

制作一个蘑菇孢子印

数百年来,科学家和采摘蘑菇的人一直在用孢子印来培育和识别蘑菇。孢子印对蘑菇爱好者来说不仅非常有用,还是非常酷的艺术品,而且它们的制作方法真的很简单。这里有一份快速粗略的指南,让你在家里就可以制作自己的孢子印。

你需要的东西

* 纸袋(如果你在搜寻蘑菇的话,可以用它来装蘑菇)。

* 手套(用于处理蘑菇)

* 带菌褶的成熟蘑菇(菌盖下的那些菌褶,看起来就像是打褶的布料或书页),可以是采摘的,也可以是商店里买的

* 纸

* 一个玻璃杯或罐子

要做的事

1. 你可以用杂货店买来的蘑菇做这个项目，但如果你想亲自采摘的话，请在大雨后寻找蘑菇，因为那样成功率会更高。带上收集蘑菇的袋子，记得戴上手套！

2. 在不损坏菌褶的情况下，在尽可能靠近菌盖的地方切下菌柄。

3. 将菌盖放好，菌褶朝下放在一张纸上——无需将蘑菇压住，只需将其轻轻放在纸上即可。用罐子或玻璃杯盖住蘑菇。将该容器放置12至24小时。

4. 取走容器，轻轻地抬起菌盖。孢子应该已经落下来，并在你的纸上留下了菌盖底部的印记。

5. 就这样，你已经完成啦！你现在有了一些很棒的、简单的哥布林艺术品来装饰你的哥布林小家。

不同类型的蘑菇有不同颜色的孢子，更新鲜或者更成熟的蘑菇做出来的孢子印可能比未成熟或过老的蘑菇做出来的更鲜艳。用不同种类的蘑菇做实验，你就可以得到各种各样的孢子印啦！

蘑菇和真菌

从字面上来看，真菌的数量有数百万种，而且极其多样化，虽然你不一定能以肉眼看到，但我们在地球上生活的方方面面几乎都依赖着各种类型的真菌。从制造食物到治疗疾病，没有真菌我们就什么都做不了了。真菌的类别非常之广泛，接下来，让我们特别关注一下真菌学世界里的掌上明珠：蘑菇。

蘑菇最近迎来了一个好机遇。人们终于意识到，蘑菇不仅仅是一种块状的健康杀手（因为各种潜在的毒素），他们在欣赏这些奇怪植物各种各样的美（尽管严格来讲，真菌更像是动物而不是植物）。作为一个哥布林，你可能也会有相似的想法："为什么人们把我当作一个看起来疙疙瘩瘩的健康杀手！为什么他们不看到我哥布林美学的魅力？"这个问题很合理，因为哥布林和蘑菇有很多共同点——都是奇怪的、脏脏的、百折不挠的。让我们之间互相学习十分合理，而且哥布林可以从蘑菇那里借用到他们喜欢的东西。所以，下面是一个指南，可以提升你的外观，让你更接近蘑菇的奇异之美。

不要让你的审美固化。 就像蘑菇和真菌这两个词可以被用来描述大量奇怪的动植物一样，你的审美也应该广泛而复杂。当你的身份只是"植物女孩"或"artho[1]成员"或"老式马戏团小丑"时，不要担心——与其试图用简单的术语来概括你的风格，不如先让你的风格变得广泛起来。同等地从哥特粉丝和中产优等生身上汲取风格，然后再突出一点20世纪90年代的流行泡泡糖（Bubblegum Pop）的闪亮女王风格。不要太担心别人会怎样理解你的风格，你只需要做自己就好。

搞点怪吧。众所周知，蘑菇有着迷幻的外观，所以为什么不接受你的个人风格里有奇怪的元素呢？如果你想搭配一些通常不算协调的颜色，或者穿很多件紧身衣，或者把头发染成鼻涕绿色，没有人会拦着你的。探索所有你想尝试古怪风格的冲动，然后向所有怪异的品味靠拢。当你探索到你的风格中最古怪的部分时，它很可能会比你之前尝试过的任何东西都更加舒适、更加适合你。

腐烂实际上也是一种风格。蘑菇可以在废旧的、被使用过的和开始坏掉的东西上茁壮成长，那么你为什么不可以呢？加

---

[1] 这一名词在历史上曾被用作对女性的冒犯，但如今该词被用来描述具有创造性和艺术性的个人，他们认为自己被主流文化所排斥，并通过艺术来表达自己。以该词命名的网络运动鼓励人们（主要是青少年）对他们正在挣扎的问题说出自己的想法，通过接受自己本来的样子并自信地谈论它。这些青少年相互支持，并同时反对文化刻板印象。——译者注

入到节俭的行列中来吧,成为服装自然生命周期的一部分。就像蘑菇帮助倒下的树木变成土壤一样,你可以帮一条被遗忘的灯笼裤变得时尚。无论这是否意味着你要开始在本地的旧货店淘宝,以筹备理想的二手衣柜;或者你决定改造和升级一些二手衣服,使它们变得更适合你。各种各样的方法都可以帮你把现有的衣服变成全新的东西。

在黑暗中茁壮成长。 蘑菇生命的大部分时间都在地下度过,真菌在那里慢慢成长,为自己做好准备,然后出现在这个世界上。如果你对尝试一种新的风格非常感兴趣,但一想到要当众把这种风格穿出来,你就感觉紧张,那么你完全可以待在自己的舒适空间里,花点时间去完善新造型。接受自己不想被公众干扰的想法,你不必为此感到羞耻,因为它意味着你可以给自己时间去适应你身份里的新部分,而且没有额外的压力。给自己一些空间,你需要知道在公众视线之外的你是谁。然后,就像一个蘑菇一样,你最终可以从泥土中钻出来,展示你惊人的新面貌。

做最多的事。 如果你看看三种不同蘑菇的图片的话,你看到的很可能是三种看起来很陌生的生物体,而且它们之间似乎毫无关系。平菇看起来像是从树边长出来的贝壳;羊肚菌看起来像搬进桃核里的白蚁大军;蟹味菇则都长在一起,形成了一个拳头大小的小菌盖。这些各式各样的蘑菇全部都在努力追求、全力以赴、不遗余力。它们不愿意为了容易归类或看起来不奇怪而牺牲自己的外观，你也不应该这样做。如果你喜欢什么，那就穿什么。如果你想看起来是某种风格，那就去穿这种风格。如果你能做很多事，那为什么要少做一点呢？

> 做得最多只是说要你完全投入到自己的风格中。如果你的个人审美偏向柔和，那你就不需要穿颜色鲜艳的衣服，你只需要接受更多的中性颜色，或任何让你安心的东西。

大自然是怪异而神奇的，而且它绝对无处不在，在这些方面它很像哥布林。如果你开始把自然当作一个朋友——一个有时需要些空间，但总是为你着想的、忠诚的哥布林伙伴，那么世界似乎转眼间就变得友好了许多。一旦你意识到你就是大自然的一部分，那么以前那些可能看起来很遥远或者很陌生的植物和虫子，就会突然间变得熟悉又温暖。去和泥土交朋友吧！看着你的甲虫朋友爬来爬去，给你的蘑菇伙伴们拍点照片。毕竟，它们也都是哥布林呀。

第三章

装点你的小窝

如何让你的生活空间变得舒适

如果你想把房子变成一个哥布林的家，那你就来对地方了。无论你是住在单间公寓、宿舍，还是住在你自己在森林里搭建的小木屋里，都有很多好方法可以把哥布林风格带到你住的地方。（尽管如果你已经住在森林里的小屋里，可能已经不需要关于如何过哥布林生活的建议了。）你需要考虑的就是想一想你希望你的空间给你带来什么感觉。

无论你住在哪里，你都希望你的房间可以让你感觉安全和温馨。可实际上是什么影响着你体验呢？试着找出你觉得房子或公寓中最好的地方。也许你真的为你在办公桌上方布置的虫子画廊墙感到自豪，或者你喜欢洗澡，因为你在喷头上挂了桉树枝。这个区域不需要很大，但在你的小窝中，总会有你喜欢花时间待着的地方。开始更有意识地关注这些地方，你会开始慢慢理解让你如此喜欢它们的原因。

关于你希望你的生活环境能给你带来什么样的感觉，一旦你对此有了一个更好的想法，你就可以开始把这些元素带入你空间。在你的公寓里摆满虫子的装饰品！在所有地方的表面都放上植物！这是你的空间，即使你的空间只延伸到卧室门口，那它也是只为你准备的，它应该为你带来任何你想要的感觉。本章将为你提供很多关于如何构建完美的哥布林小窝的想法——也就是说，为你提供一个完美的地方。从装饰到清洁，再到将气味和声音融入你的日常生活中，你会在这里找到很多关于如何使你的生活空间哥布林化的建议。

杂乱？我绝对有发言权

有些人听到"杂乱"这个词就想跑得远远的。但小哥布林知道，每一堆杂乱的东西里都有一个温暖、昏暗、舒适的中心。与直接身处在所有最爱的东西中间相比，没有什么地方比这里更舒服的了。哥布林的家庭装饰就是要把你的东西展示出来，使你的空间尽可能舒适，并为你的个性创造空间。装饰你的小窝并不意味着将你的兴趣隐藏在被社会所认可的"枕头"下面，并以一种可以给别人留下好印象的方式进行装饰。它意味着把你的风格展示出来，展示所有的爱好，始终如一，即使它们有点怪异、恐怖或者黏糊糊的。有什么能比被你所喜爱的、你努力策划的东西包围更让你感觉不错呢？

让我们通过一些基本步骤来创造一个理想的哥布林小窝。

如果你有的话，就拿出来炫耀一下。 你有多少酷酷的东西藏在抽屉和盒子里呢？可能有很多。你可能认为世界还没有准备好看到你收集的浣熊头骨，但打造你的空间并不需要考虑世界已经为哪些东西做好准备。把你所有歪歪扭扭的陶器放在电视周围；用鱼线把贝壳和海玻璃穿起来，然后挂在窗前；在罐子里装上松散的珠子、树叶或二十面的骰子，在你的空间里四处展示出来。想出有趣、巧妙的方法来展示你最喜欢的物品，是装饰你的小窝的一个好方法。把你最喜欢的宝物展示出来，可以不断地提醒你，你喜欢的东西值得被看到，值得被欣赏。

舒适感。 现在你应该已经明白了，作为一个哥布林，就是需要有很多的舒适感。哥布林就是要每一个表面都变得柔软、舒适和亲近——你的空间也不例外。让你的小窝变得舒适，可能意味着要寻找、制作或购买枕头和毯子，把它们放在各个地方。它也可能意味着永远在你喜欢待的地方放一件连帽卫衣，以防你会觉得冷。一个感觉舒适的空间对每个人来说都是不一样的，但一般来说，这种感觉就像，你的空间正在用一个大大的拥抱迎接你，而不是催促着让你离开。

做你自己。 你的小窝是你自己的，它不需要以一种能吸引其他所有人的方式来装饰。没有必要让你的世界角落对别人来说比对你自己更好。当然，如果你和别人住在一起，尊重他们的规则很重要。但是，无论什么空间，只要你能宣称这儿是你自己的，你就可以真正按照你的个人喜好进行改造。你的空间应该反映谁的风格呢？是你最喜欢的、有影响力的人吗？可他永远不会看到你的房间。是你自己——一个会花很多时间在那里的人。不要根据别人的期望来定制你的小窝，放纵自己吧，哪怕可能会有点奇怪。让你的个性在你的空间里展示出来吧。

你要收集些什么

没有什么事情,能比拥有一个装满你喜欢的东西的空间更令人满意了。收集特殊物品和宝物是哥布林文化中的主要内容,因为这让你可以用实际的方式保持记忆和兴趣,甚至还可以向其他人展示这些东西。被你喜欢的东西所包围,可以让你牢记你是谁,以及你想成为什么样的人。哥布林的收藏不是为了物质的物质主义,而是对美丽的、有意义的事物进行深思熟虑且有目的的规划整理。

当然,美丽和意义是由你自己定义的。也许你有一抽屉糖纸折的纸天鹅,或者你的墙上挂满了干花。你收集的东西不一定要符合传统意义上的美,它们只需要对你来说是美的就够了。你的收藏品也不需要花钱——只需要让你觉得有价值就够了。

把哥布林的收藏品收集起来是一个对价值概念进行重新思考的好时机。你放在办公桌上的那堆旧杂货单可能不值钱,但看着它们,记住它们对你的意义,可能会给你带来快乐。一盒破旧的生日卡,虽然没有巨大的转卖价值,但依旧对你很重要。对你的东西表示关心并不是什么坏事——沉迷于你一直在辛苦经营的那堆甲虫外壳,并不会使你变得肤浅或物质主义。在乎这些你多年来一直在思考、照顾和收集的东西,是有意义的!其他人可能不会以同样的方式重视你酷酷的甲虫壳，但这并不意味着它们没有价值。你赋予物品的价值很重要，你照料物品的方式也很重要。

将收藏品展示出来作为装饰是一个好方法，将你喜欢的东西展示出来，可以使你的空间更有个性。展示你的收藏品也可以是建立社区的一个好方法。当你与现实中或网上的朋友分享你的收藏品时，你便是在告诉他们你的价值观和兴趣。通过向人们展示对你而言很重要的东西，你创造了帮助大家了解你的空间。也许你喜欢旅行，你从每一个游览的新地方都收集了很酷的石头，所以你不仅收藏了很多很酷的石头，而且每个石头都与一段有意义的记忆和经历相关。也许你喜欢鸟类，你的房间里有一个花瓶，里面装满了你在地上找到的乌鸦羽毛，用来提醒你最喜欢的动物从未远离过你。收藏不是囤积和物质主义，而是关心、庆祝和自我表达。

展示出来

既然你对展示你的收藏品感到更有信心了，那就是时候考虑如何将你喜欢的东西最好地融入你的装饰中了。胡乱地把你编织的每一只手套都扔在地板上，可能是让你的收藏品展示出来的一个简单方法，但它不会让人高兴，也不方便。真正的杂乱的哥布林小窝，和让人快乐的杂乱的哥布林小窝之间的区别在于意图。与其把东西扔得到处都是，不如想想你的东西放在哪里可以最好地服务于你和整个空间。你想在晚上入睡时感受到什么？在你的床周围放些什么样的装饰品可以带来这种感觉呢？在你的空间的每一个角落都花点心思，你很快就会有一个舒适的小窝，任何一个小哥布林都会很乐意住在里面的。

罐子，罐子，罐子！ 罐子的好处是，它们有很多不同的尺寸，而且基本上所有东西都可以放在里面。罐子传达了杂乱和容纳之间的平衡，而且它们可以让你看到你放在里面的一切。更妙的是，它们很便宜，基本上到处都有。找一些大小不一的罐子，在每个罐子里装上不同的物品——钢笔、打水漂用的石子、纽扣、戒指，然后把罐子放在你觉得最好的地方。它们在任何地方都会很好看，而且如果你需要里面的东西的话，你可以很容易就可以拿到。把一些空罐子攒起来，以防你最后有一堆绳索或发带不知道该怎么安置。只要把它们放进罐子里，突然间，你就既有了装饰又有了条理性！

要有"搁板"。 储存空间和展示空间通常是分开的，但搁板是可以缩短这两者的差距，它可以提醒你，把储存空间变成值得展示的东西一点也不难。搁板很容易装饰，也很容易个性化，即使你一开始用的是看起来很无聊的搁板。如果你在大卖场买了一套普通的搁板,你可以把它们涂成和墙壁一样的颜色,让你收集的青蛙小雕像变得更加突出。如果你在路边找到一个旧书架,你可以在它的两侧画上蘑菇,或者把假花粘在上面,或者在里面贴上墙纸或家具贴纸。而且一旦你觉得书架已经比较个性化了,你就可以花时间考虑将宝物安排在哪层搁板上看起来最好。你展示的东西要有创意,可以考虑把你通常会放在柜子或壁橱里的东西摆出来。装饰书架是一个重新思考如何安排收藏品的机会。

罩在玻璃下。 展示盒是个好方法,它可以展示你通常不能直接挂在墙上的东西。展示盒是一个浅浅的盒子,像相框一样,它前面也有一块玻璃板,你可以把它挂在墙上或者放在桌子上。用贝壳、石头或者纽扣等宝物填满玻璃框罩,是炫耀收藏品的有趣方式。你也可以把物品固定在展示盒的底板上,展示从古董衫到干花,再到蝴蝶的任何东西。虽然买一个比自己做容易得多,但你也可以通过装饰一个鞋盒(或任何盒子),并把它挂在墙上来创造一个快速而粗糙的展示盒。它可以让放在里面的东西都看起来更好,而且这是一种有趣的方式,可以给你那些看起来很平凡的宝物带来奢华的感觉。

可以杂乱,但要有格调。 画廊墙是一种对哥布林非常友好的装饰空间的方式。基本上,你可以把你所有的宝物和装饰品一起挂在一面墙上。在这样的工程中,关注细节和间距是很有用的,这样可以使你的墙面不至于太过拥挤。不过不要担心,因为在你决定挂任何东西之前,测试一下你的墙会变成什么样子非常简单！首先，你要拿出你想在画廊墙上挂的所有东西，并测量每个物品的尺寸。然后，用打印纸、包装纸、报纸或者任何你手头有的东西，剪下与你的装饰品相同大小的纸片。把纸贴在墙上，花时间反复布置这些纸片，直到你找到你最喜欢的布置方式。然后，只要把你的装饰品挂在指定位置上就可以了。画廊墙将杂乱和有序的最佳部分结合起来，创造出美丽的装饰。

托盘是关键。如果你的咖啡桌或者餐桌有空间的话，可以找一个托盘（或是一个大盘子），把你的部分收藏品放在里面。把你的小饰品放在它们自己的特殊托盘上，这样不仅看起来很时髦，而且如果你为你的小哥布林朋友举办晚宴的话，你也很容易就能腾出桌子上的空间。把你收集的彩色玻璃瓶、陶瓷动物，或者苔藓盆景放在一个托盘上，会增加你空间的深度，因为它把你的收藏品从墙壁和搁板上移到了房间的中心。你甚至可以在托盘上展示你的罐子！这就是两种展示方式的结合！如果你有一个托盘的话，你可以真正拥有一切。

> 当你把你的各种展示品放在一起时，可以考虑把类似的物品放在彼此附近。与其把你的塑料恐龙散落在房子的各个地方，不如把它们都放在你的电视操控台上。与其把你收集的古董钥匙中的几把挂在冰箱上，不如把它们都挨着挂在你桌子上方的墙上。尝试用不同的方式来展示你的收藏品是很有趣的。

哥布林极简主义

如果你是一个有条理的人,也不必开始怀疑你是否可以成为一个哥布林。哪怕你每个月都会对你的房间进行一次大扫除,并喜欢给所有东西都打上标签进行整理,你也可以成为一个哥布林,并以哥布林的风格进行装饰。杂乱不一定意味着"全面的混乱"。即使是有条理的怪人也可以用哥布林的风格来装饰,这并不比采纳其他装饰风格更难。这里有一些创造可控的杂乱的小技巧。

🍷 **控制你的杂物。** 如果你不喜欢你的空间被小饰品、小玩意和宝物所淹没,那就集中在几个较小的区域来展示你的宝贝。指定一面作为画廊墙,其他墙面则空着。在你的书架上只加一两件装饰品。把所有装满的罐子和瓶子放在窗台上,而不是让它们散落一地。在你的杂物周围有一些护栏,没有问题——你仍然可以展示你所有喜欢的东西,而且不会觉得它们挤压了你的空间。

🍀 **简单但奇怪。** 谁说极简主义只能是米色的和无聊的？如果你是干净和复杂元素的死忠粉，你仍然可以把哥布林的怪异感觉融入你的装饰里。如果你致力于在每面墙上只挂一件东西，那为什么不挂一个蝴蝶标本盒，放弃挂海报呢，或者挂一块你自己用蓝莓汁染的布，而不是商店买的挂毯呢？与其在角落里放一把奶油色的椅子，不如在角落里放一把绿色的天鹅绒椅子。找一盏怪异的灯，而不是世纪中期的现代灯，或者做一个贝壳风铃作为焦点。无论哪种类型的装饰最适合你，都要放纵你那怪异、俏皮、让人意想不到的风格。没有一种方法可以做对极简主义，就像没有一种方法可以成为一个哥布林。

🍀 **做你自己。** 记住，归根结底，哥布林装饰是为了让你对你的空间感到舒适和安全。如果让你最舒服的事情是拥有一个干净、没有杂物的空间，那就接受它吧！你可以把你的杂物重新设计成装饰品，这样可能会让你更好地展示你喜欢的物品。但即使你喜欢把你的东西藏起来，也并不意味着你不能成为一个哥布林。把你的东西清理干净，以便可以在你需要或想要的时候把它们拿出来，这也完全是哥布林可以接受的。世界上有各种各样的哥布林，每一种都会受到哥布林社区的欢迎。

"不用整理"的改变生活的魔力

住在一个干净的家里意味着什么？你是否每天都得对各个表面进行消毒？是否等于你只能拥有生活所需的最少用品？是否代表着你走到哪里都得拖着一个吸尘器？还是意味着你的空间应当以一种对你有意义的方式布置起来，以便你知道你的（大部分）物品在哪里，而且你的碗碟通常都被放得整整齐齐，且没有任何角落有杂乱的污垢？

一般来说，我们都需要让自己休息一下。保持空间清洁确实是个很重的道德枷锁，但"清洁"并不是一个客观的术语。对有些人来说，干净的空间是所有东西都被收起来，每周擦洗一次。而对其他人来说，干净的空间可能只是意味着你只需看到大部分的地板。干净没有什么本质上的好处，混乱本质上也不坏。清洁和混乱不是道德上的二元对立，它们只代表你与物品相处的方式。无论在何时，你放在床上的毛衣和服装首饰的数量，并不决定你是什么样的人，也不决定你有多值得被爱、被照顾和被关注。

即使是喜欢干净的人，有时也会不想再定期清洁了，这种想法可能会持续一个星期、一个月，甚至一年。没关系的！这并不意味着你永远不会再洗衣服，也不意味着你在某种程度上变得道德败坏了。生活中没有什么是一成不变的，接受能量和动机水平的流动会让你感觉好很多。你不需要按照别人的标准来生活。只要把你的空间保持在一个让你感觉安全、舒适和方便的状态就够了，不用担心一个陌生人是否认为它"足够干净"。

哥布林们可以接受一种更加以人为本的方法，而不是以道德为重的关于干净的想法。你的空间适合居住吗？它适合你的需求吗？杂乱的程度让你觉得很熟悉，还是让你感到有压力？家里的污垢是已经威胁到你或客人的健康，还是仅仅杂乱了一点呢？你对干净的定义不需要与其他人一致。找到你自己对干净的定义，这是一个探索什么能让你在家里感到安全和放松的机会。

如果你对自己缺乏条理感到沮丧，或者你的杂物妨碍了你的工作，那么寻求适合你的清洁指导和技巧就十分适宜——无论这意味着让那些热爱收拾的朋友帮你重新布局你的衣柜和储藏室，还是偶尔花钱请人帮你打扫公寓。保持你的空间整洁，或至少根据你的特殊需要收拾一下，都可以反映你对自己和生活环境的关心。我们的空间会对我们的心理健康产生影响，无论你是一个喜欢衣服到处乱放的人，还是一个会为杂乱的衣柜感到焦虑和抑郁的人，我们的空间都值得你深思。那么，有什么方法可以创造一个最适合你的栖息地吗？

知道东西在哪里。与其把重要的物品放在"安全的地方"，然后立刻忘记它们在哪里，不如尝试把某些地方指定为你的重要物品的永远的家。例如，不要把你的手机充电器放在你上次给手机充电的地方，而是试着一直把它放在同一个地方，特别是一个你经常使用和看到的地方。在墙上挂一个钩子，每次都把你的钥匙挂在那里。在你公寓里的每张椅子、沙发或床边放一个罐子，当你用完眼镜后，总是把它放在其中一个罐子里。不要为难自己，选择简单、明显的地方，甚至可以考虑在你的手机上记下所有东西的位置，因为你正在总结你喜欢把这些东西一直放在哪里。如果你很难决定把东西放在哪里，可以使用"在它下面放一个垃圾桶"的概念：当你注意到自己总是在某个特定的地方堆积东西时，在那个地方放一个垃圾桶（或你喜欢的收纳类型），然后"砰！"没有更多的堆积物了，只有一个漂亮的垃圾桶。

杂物有它自己的位置。不需要把你的空间里每一个角落和缝隙都贴上标签，也不需要真空密封来让你变得有条理。有条理的诀窍是为你杂乱无章的东西指定地方。当你收到信件时，不需要按字母顺序把它放在一个活页夹里。你可以在桌子上放一个盘子、花盆或餐垫，作为放置信件的地方。这样，你的信件可以保持混乱，但这种混乱被控制在一个特定的地方（在它下面放一个垃圾桶！）。此外，这也使你以后更容易找到你要找的东西。你可以这样做，把你经常带的东西放在前门的一个碗里，在杯子里装上备用的唇膏和乳液，在浴室里留一个罐子放上零散的珠宝。有条不紊就是要让你的重要物品让人记忆深刻，以便于使用。这种方法还可以帮助你追踪你何时需要补充或是减少某些物品。如果你的信件堆看起来像一座信件摩天大楼了，那可能是时候翻阅那堆信件了。如果你的笔筒是空的，你可能需要花钱买新的钢笔了。如果你坚持你的整理习惯，它们可以消除一些"必须记住一切"的压力。

享受其中的乐趣。让打扫卫生变得有趣的想法可能听起来很老套，甚至不可能。但如果你在整理和收拾方面有困难，并且想要改进，那么值得考虑如何使这些任务不那么痛苦。想一想在生活的其他方面，是什么在激励着你，并尝试将这些激励策略应用到打扫工作中。如果以十分钟为单位会让你的工作状态更好，那就相应地把你的打扫过程分开。如果你一次只能做一件事，然后就会感到厌烦，那么就计划一天洗衣服，另一天擦洗浴室。在你工作的时候，放一个节目、播客或音乐，甚至给朋友打电话，也可以帮助这个过程更加愉快。如果你想多打扫，就用适合你的方式打扫。不要为要在一个小时内擦洗整个公寓，或是严格安排每周一次的清洁日焦虑。相反，以让你觉得最愉快的方式工作。让工作为你工作，而不是反其道而行之。

苔藓艺术墙

在为你不拘一格的新画廊墙面寻找完美的哥布林核心装饰品？不妨看看苔藓艺术墙。这种装饰工艺是将无需打理的绿色植物带入你的空间，是展示你有趣的、自然主义的、哥布林美学的一个好方法。苔藓艺术墙的制作成本很低，但看起来很美——这就是哥布林的理想！

你需要的东西

* 一张纸和一支铅笔。

* 一个边框或一块平坦的木头。

* 永生苔藓。（这在大多数工艺品和植物商店都能买到。确保购买永生苔藓，而不是活的的苔藓，因为活的苔藓需要大量的养护和水分，这可能会损坏你的墙壁。）

* 剪刀。

* 热熔胶枪或木工胶。

* 泡沫板（非必须）。

* 树枝、石头和永生花（非必须）。

要做的事

1. 在一张纸上画出你想实现的设计。你不需要完美地再现你的设计，但在开始之前对你想要的东西有一些初步的想法是很好的。如果你想在你的苔藓艺术中创造大量的纵深，可以剪下几块泡沫板，把它们粘在你的边框上。这样，你的部分苔藓会被抬高。这不是你必须做的，但这是一个很好的方法！

2. 如果你使用的是一个画框，那就小心地把玻璃从画框里拿出来，这样你就只剩下画框的背面和边缘了。

3. 拿出你的苔藓，把它切成或撕成你想要的形状。开始铺设和整理苔藓，直到你对你的设计感到满意。

4. 把苔藓粘上去。如果你用的是木工胶，那就在表框或泡沫板的背面涂上薄薄一层。木工胶可以把苔藓粘得很好，但要注意，它可能需要一整天的时间才能干！如果你用的是热熔胶枪，在你把苔藓放在边框上之前，只需把胶水涂在每块苔藓的背面就够了。

5. 如果你想为你的苔藓艺术添加更多的东西，可以把你的树枝、石头、永生花，或是你收集的其他任何哥布林装饰品也粘上去。

6. 等胶水变干，你就完成啦！

超越视觉

是什么让一个家变得舒适？是严格意义上的社媒价值吗——什么品质的氛围能让它在社交网站的照片上看起来很好？还是说舒适感比视觉上的吸引力更深刻？当然，有一个看起来不错的空间是很好的——每个人都知道这点。很多人在装饰他们的小窝时忘记考虑他们家中质地、气味和声音的重要性。你的空间最好能吸引你的好几种感官，而不仅仅是一种感官。让我们想一想，可以在你的环境中加些什么东西，在照片上看不出来，但能让它变得舒适。

质地

在你的空间中添加令人愉悦的质地是一种立即增强舒适感的好方法。特别是如果你有很多具体的感官偏好和厌恶的话，花点时间思考一下你空间里的质地，从长远来看，它们明显可以使你的生活更加愉快。试着在你的公寓里四处走走，摸摸你所有的毛毯、床单、地毯和毛巾。有哪一样东西让你摸起来感觉特别喜欢吗？其他的东西让你觉得讨厌吗？做一些记录，看看哪种面料让你爱不释手，哪些面料让你觉得很讨厌。

如果某些物品的质地让你无法忍受，那就把它们扔掉吧！也许你可以举办一个哥布林毯子交换活动，或者直接把它们捐给旧货店。没有理由继续保留那些让你明显感到不舒服的东西。如果有一些物品质地非常好，试着让它们变得更容易拿到。如果你有一条喜欢的毛毯，但它总是被埋在床下，那就试着把它放在你的床上或者沙发上。始终保持舒适感随手可得。

虽然我们花了很多时间考虑我们的手喜欢什么质地，但我们身体的其他部分喜欢什么质地也同样值得考虑。例如，如果你讨厌下床后踏上冰冷的地板，也许可以找一块地毯或者浴垫，甚至只是一双拖鞋，将它们放在床边。如果坐在工作椅上会让你的背部感到酸痛，可以尝试增加一些给背部提供支撑的枕头。如果你用粗糙的洗脸巾洗脸，那可以换成更柔软的东西。优先考虑舒适度意味着在任何情况下，特别是在你自己的家里，花一两分钟的时间让自己感觉更好。

气味

无论你喜欢还是讨厌香水，大多数人对他们空间里的气味都有强烈的看法。对于一些人来说，点燃蜡烛可以舒缓情绪；而对另一些人来说，这可能会引发过敏。正因如此，在你开始在房间里使用更多（或更少）的气味之前，你要与你的室友核实一下。（是的，你可以把使用更少的气味作为目标！如果你想拥有一个没有气味的环境，这也和拥有一把精心放置的蜡烛一样合理，重要的是要建立一个让你感到最舒适的感官环境。）

如果你是一个喜欢气味的人，香薰蜡烛显然是一个选择——但蜡烛可能引发火灾危险，而且不是每栋楼都允许使用。

如果不能使用蜡烛，还有很多其他方法可以将香味引入你的环境中。快速浏览杂货店应该可以为你提供几十种香薰喷雾、香薰摆件等一系列的选择。这些绝妙且快捷的方法可以将大量香味引入你的空间。但是，如果它们太浓烈，可以试试香薰棒或香薰器，甚至可以自己动手制作香薰。有很多不用明火的方法可以使你的空间闻起来很香（后面会有更多具体介绍）。

无论你选择哪种增香方法，下一步将是决定你最喜欢的气味。看看你已经拥有的任何香味物品——空气清新剂和蜡烛，还有香水、除臭剂和香皂。不管你以前是否注意到，你可能已经倾向于选择某种类型的香味。想一想你所有喜欢的气味有什么共同点——你是喜欢花香还是你偏爱麝香？你喜欢甜味还是喜欢辛辣味？研究一下你喜欢哪种类型的气味，这样你以后就可以缩小气味的选择范围。

如果你想来点小资情调，请记住，大多数花哨的（或自制的）蜡烛公司的气味都远不止于典型的鲜花和烘烤食品的味道。你可以找到像尘土、旧书、雨后新泥、大蒜、木柴烟味的蜡烛——如果你喜欢的味道不是传统意义上的"好"味道，如果你在网上快速搜索"你想要的味道+蜡烛"，那你就很有可能找到这种味道的蜡烛。即使你在网上找不到你喜欢的气味，一些城市也有蜡烛实验室，你可以自己调配气味！

一旦你发现了你理想的香味类型，做一点研究，找出哪些成分经常用于你喜欢的香味类型。例如，琥珀是辛辣香味的常见成分，而广藿香则是大多数麝香香味的主要成分。知道你最喜欢的香味中含有哪些成分，将使你在购买蜡烛和其他香味物品时更加容易（特别是如果你在网上购物的话）。

既然你已经对自己喜欢的香味有了一定的了解，那么考虑一下：为什么要让你的公寓到处都是一样的味道呢？为什么不为不同的空间挑选不同的香味呢？栀子花空气清新剂放在浴室里，薰衣草香囊放在床边。实验一下不同的气味如何搭配，并将气味分层以增加层次感。在每个季节或节假日改变你常用的气味，使你的精神面貌焕然一新。尝试不同气味的另一个乐趣是了解它们给你带来什么感觉。如果蜂巢的香味能让你在工作时感到平静，那就在你的办公桌附近放一支蜂巢蜡烛。当你醒来时，如果柑橘味的蜡烛气味能促进你的情绪，那就点燃一支柑橘味的蜡烛。就像所有事情一样，让你的气味为你工作。如果你厌倦了你的空间的气味，那就换一换吧！

声音

当我们想到装饰的时候，声音并不是能立刻出现在你脑海里的东西，但它可以对一个空间的感觉产生巨大的影响。在你理想的哥布林小窝中，你想要什么类型的声音，不想要什么类型的声音？如果你不能忍受重复的声音，但你的桌子上有一块时钟，那你可能很难集中注意力。如果你的闹钟被设置成让人恼火的声音,你可能每天都会在坏心情中醒来。像这样的声音细节会对我们的情绪和生活习惯产生很大的影响,所以在你完全建造好你的小窝之前,值得思考一下你空间里的声音。

首先,思考广泛的声音。你喜欢在你的生活背景里有一些环境音吗?你是否喜欢一直播放音乐或播客?如果是的话,那值得投资一个扬声器、白噪音机或风扇,来创造你所寻找的背景音。如果你不想买扬声器,那也可以总是把手机放在一个水杯或马克杯里来放大声音。无论你如何放大它们,想想哪些声音让你感到平静,哪些声音帮助你集中注意力,哪些声音帮助你醒来。如果你喜欢安静,那很好!但如果不是,请尝试在一天中的不同时间段试验不同的背景声音,找出让你觉得最舒服的声音。记住,可能没有能让你一整天都感觉良好的声音,所以不要害怕把混着播放不同的声音。

接下来,想想你生活中的小声音:吱吱作响的门、响亮的手表、恼人的铃声。你可以做什么来改善这些你每天都会听到,而且一天要听好多次的小声音呢?它们可能只需要两分钟就能解决,但花时间去改善一直困扰你的东西,会让你感觉好很多。你可能很难有动力做这样的小任务,但如果你是一个对声音很敏感的人,这是很值得的。如果你每次完成任务的时候可以播放你最喜欢的电影主题曲,那为什么还要忍受定时器刺耳的声音呢?

拯救没有园艺技能的哥布林

由于哥布林一般都喜欢自然和植物，任何缺乏种植能力的人都可能会感到被哥布林文化所抛弃。周围有绿色植物是很好的，它非常符合哥布林的气质，但有不止一种方法可以将植物带进你的空间。如果你没有园艺技能，而只是在你的后院里有一堆枯萎的植物，那么考虑用其他的方式来实现你的自然、松脆的哥布林梦想可能会很有用。幸运的是，即使你学不会高超的园艺技能，也并不乏有很多园艺技能的替代方法。

低养护成本的植物

如果你真的对在你的空间里养活植物的想法很有信心，那么在你准备养活任何需要定期护理的植物之前，请尝试养一些低养护成本的植物。多肉植物（如仙人掌、翡翠木和芦荟）、气生植物和一些常见的家养植物（如虎尾兰、吊兰和金钱树），都很容易养护，而且不容易死。如果你买了一种需要土壤才能生存的植物，请做一点研究，了解花盆里应该用哪种土壤来填充（例如，大多数沙漠植物喜欢沙质土壤）。把你的植物放在你买来的小塑料杯和贫瘠的土壤里对它们没有任何好处。

在有充足养分的新鲜土壤中重新栽种是一个简单的方法，可以帮助你的植物存活更长时间。如果你买的是气生植物，那你就不需要担心土壤的问题了，只要记得及时喷水就可以了。

如果你的植物看起来很干，摸起来也很干，这意味着它该喝水了。如果它看起来完全没有问题，但你很无聊，想给植物浇水，那就找点别的事情做吧！不要因为焦虑或者无聊而给植物过多浇水，这会让植物活不下去。即使这些植物的养护成本很低，但这并不意味着它们不会死亡。但不要担心，随着你对植物的了解加深，你会更好地了解它们在什么时候想要什么。植物在表达它们的需求方面很有一套。

假的植物

这对有些哥布林来说是一个很好的选择，他们知道，无论植物的养护程度有多低，他们还是养不活的。假的植物是不可能死的，它们永远不会枯萎，而且你不必处理浇水、泥土或蕈蚊（真的植物会产生的小果蝇类害虫）的问题。在大多数工艺品商店和家庭用品商店都可以找到假的植物。虽然你可能会对丑陋的塑料花架有不好的幻想，但假植物实际上是一种非常可爱和灵活的装饰品，可以为你的空间增添绿色，而且不会带来麻烦。它们有各种植物类型，所以如果你不是一个爱花的人，你还可以买到一些假的多肉植物，甚至是一个大的假龟背竹。

试着少用假植物作为吸引眼球的焦点，而让它们更多地作为细节出现。为了让绿色植物在各处流行起来，可以尝试将一些小物品放在高高的搁板上，比如一个插了两三朵假花的旧玻璃瓶，或者一排假仙人掌。如果没有坐在离缎面花瓣几英寸的地方，人们不太可能注意到你的植物是假的。你也可以发挥你的创意，尝试插花（或者插叶子、茎、枝）。用假植物创造出视觉上有趣的组合可以让人们忽略它们是假的，从而把注意力集中在你组合美丽花束的超强能力上。不过，为了使你的假植物看起来更真实，你可以将它们与一些真的植物混合在一起。如果你把容易打理的植物和假植物混合在一起，没有人会注意到哪些是真的，哪些是假的。

自己制作植物

如果你是那种不能把植物养活但仍想亲自动手的小哥布林，你可以尝试自己制作植物。用纸、毛毡、纸板，甚至混凝纸浆，你可以创造出美丽而独特的植物，而且你永远不需要担心养死它们。你不需要担心这些植物看起来太超现实，因为制作自己的植物的乐趣之一，就是拥有看起来像很酷的自制艺术品的绿色植物。拥抱艺术性和自制的美学，享受手工制作的植物为你的空间增添的乐趣。

如果你不喜欢艺术作品，那你可以在空间里展示干燥的植物。在墙上挂一串干玫瑰，或在花瓶里放上干大丽花，将为你的家增添漂亮的自然气息，而且不费什么力气。只要把花倒挂一个星期左右，就可以很容易地把它们晒干，你甚至可以把叶子和花压在书上，以后再用于其他装饰。干花可以为任何空间增加魔法的感觉，所以它们很适合哥布林们。

制作纸质蕨类植物

所以,你对在你的空间里添加一些绿色植物而又不至于把指甲缝儿弄脏很感兴趣。那么,你很幸运,因为用纸制作植物不仅很有趣,也很容易!纸质蕨类植物非常好,因为它们不需要花很长时间来制作,但它们会提供给你一些你正在寻找的绿色,以及一些美妙的自然形状。此外,它们几乎不需要任何费用!一旦你掌握了制作纸质蕨类植物的技巧,你就可以用完美的纸质绿植来装饰你的整个家。

你需要的东西

* 绿色美纹纸。
* 粗铁丝(直径在2毫米左右)。
* 剪线钳。
* 剪刀。
* 胶棒。
* 热熔胶枪。

如果你想让你的蕨类植物看起来像是正在生长,可以找一个花盆或花瓶,在里面放一个泡沫球。然后,用永生苔藓盖住球,把你做的蕨类植物末端的铁丝穿过苔藓粘到球里。现在你就拥有了一个可爱、自然的蕨类植物展示台了!

要做的事

1. 剪下一块20~25厘米长的美纹纸，纵向对折。

2. 用剪线钳剪下一块大约比纸长5厘米的铁丝。

3. 用剪刀从纸的底部到顶部剪一个弧形（确保你没有剪到折叠的一面），这样纸在展开时就会变成尖尖的（就像剪心形的底部一样）。

4. 在纸仍然折叠的情况下，从外面向折叠的一面进行一系列的切割。切口应相隔约0.5厘米，但如果你想要更宽的叶子，也可以让它们的间隔更宽。确保你在距离折叠边缘至少0.3厘米处的地方停止。

5. 把所有切口的边缘都磨圆，让你的蕨类叶子看起来更加自然。

6. 再剪一块美纹纸，长度与你的铁丝相同，纵向切成两半，然后用胶水涂满。把它卷在铁丝上，使之完全覆盖住铁丝。

7. 展开第一张纸，在蕨类植物中心位置的折痕上涂上胶水。将你的铁丝放在胶水上。

8. 把叶子弄蓬松，把蕨类植物弯曲，直到它看起来很好为止。

你觉得自己现在准备好把家变成哥布林小窝了吗？如果你感到不知所措，可以从小事做起，比如记下你房间里喜欢的地方，或者挂上几幅你一直在画的当地植物的水彩画。你不需要在一天之内改变家里的一切。花点时间，有意识地去创造你的新栖息地。考虑本章涵盖的家的所有不同方面，从排列方式到收藏品的展示，再到融入令人愉悦的气味和质地。当你创造一个家时，有很多事情需要考虑，但这是它应该有的样子。毕竟，小窝是一个神圣的空间。它代表了你自己，而你也不是在一天之内成长成人的。

如果你对你的小窝充满各种各样想法，那很好！花些时间在你的想法上，真正充实它们，想想住在你新设计的空间里会是什么感觉。有时，你可以马上想出一个看起来超棒的想法，比如把一堆蚂蚁农场（ant farms）放在一起，创造一个辉煌的蚂蚁农场墙。但进一步思考后，你最后只能琢磨着，能从哪里弄到这些蚂蚁呢，你在现实中能够如何照料它们呢，以及如果发生了什么事，所有的蚂蚁都逃了出来，占领了你的公寓，你会怎么做呢。有些想法最好是作为其他想法的跳板。你希望你的栖息地对真正的你而言是完美的，而不是对你那为蚂蚁着迷的想法。

无论你选择如何装饰你的家，确保你的选择是深思熟虑的。你希望这里是一个让你感觉良好、安全和温馨的地方。拥有一个哥布林小窝并不是要在你的空间里引入大量的大地色系和蘑菇，而是要将这个空间打造成对自我的独特延伸。无论你的家有多小或是多大，只要你有心并忠于自己，总会有空间成为你完美的哥布林小窝。如果你给自己的礼物是一个周到、珍贵的家，你会得到无限的安慰作为回报。

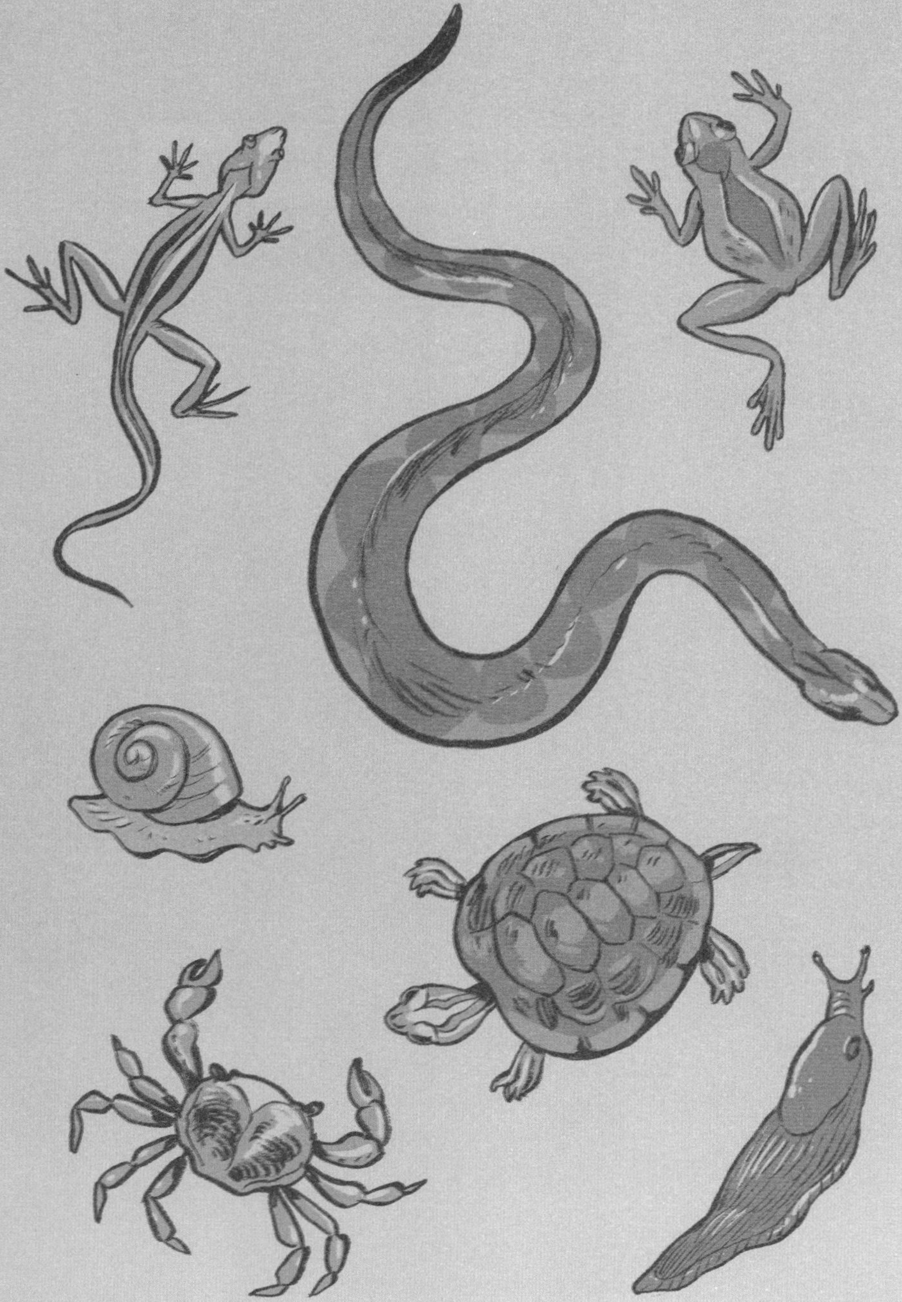

第四章

青蛙和蟾蜍是朋友

生活中的小怪物教会我们什么

听着，我们都喜欢狗和猫，我们都喜欢兔子和仓鼠，以及所有其他毛茸茸的、可爱的、愿意和我们做伴的小伙伴。没有人反对狗和猫之类的动物。但是！你有没有想过，还有一些有鳞片的、黏糊糊的或有甲壳的生物也可能和我们成为好朋友、好伙伴和好榜样。为什么柔毛得到了所有的爱？

如果你总觉得自己是哺乳动物世界中的蜥蜴，你也并不孤单。不是每个人都能成为，甚至想要成为金毛犬类型的人（兴奋、忠诚、可爱的人）或猫咪类型的人（独立、神秘、叛逆的人）。我们有些人是青蛙（冷酷、灵活）或是乌龟（体贴、善良），甚至是寄居蟹（焦虑的小家伙）。

作为一个小哥布林，就是要学会拥抱奇异和意外，无论是在自然界里还是在自己身上。毛茸茸的动物很容易让人喜欢，但花时间去了解和欣赏那些更黏稠的动物是哥布林生活方式的核心。拥抱这些生物也可以帮助你接受自己身上那些你并不完全爱的东西。我们能从蜥蜴、蛇或毒蛙身上了解到什么？学会爱那些非主流的动物可以怎样帮助我们爱我们自己的怪癖呢？

就像女巫有朋友一样，哥布林也有黏糊糊的、有鳞片的朋友来帮助他们漫游世界，并为他们指出生活中最奇妙而怪异部分的方向。柔毛得到了所有的爱，但黏糊糊的东西可以教会我们有关自信、关心他人、自我接受、性别等事情，以及教会我们在一个又大又黏稠又潮湿的世界中，为自己创造的空间会是什么样子。

寻找你的生物榜样

如果你喜欢占星术或星座，那很不错，但是对于哥布林的生活来说，没有什么指南能比一种奇怪的小动物更好了。星星离你很远，但蜗牛、蛇和寄居蟹就在你脚下，"他们"可以教会你很多关于自己的事情。通过阅读，找出你与哪种黏糊糊的、有鳞的或有壳的生物最有关系，并以此为跳板，思考一下你是如何看待自己和你喜欢的东西的。

青蛙

如果你是一只青蛙，你真的很难被惹恼。真正的青蛙是冷静的，不为周围发生的事情所困扰。他们喜欢呆在自己的圈子里，专注于自己。如果你是一只青蛙，你可能是那种需要向别人解释好几遍，才能被真正记住的朋友，但如果有谁需要找人倾诉，你随时都有空。青蛙真的只是在呱呱叫，他们很高兴能成为团体的一部分，就像他们独处也很高兴一样。

- **喜欢**：呱呱叫、晚上开车、轻松的电子游戏、松脆的零食、当吃瓜群众。

- **不喜欢**：被卷入闹剧中、大声喧哗、挨饿。

- **爱好**：维持一份令人印象深刻的保湿霜收藏单、策划超独特的播放列表、烹饪简单但惊艳的食物。

乌龟

乌龟体贴入微，关怀备至，总能让人心情舒畅。虽然看起来乌龟很害羞，因为他们经常缩在壳里，但实际上他们只是花了一分钟的时间来思考周围发生的事情。龟壳上的大圆圈形状被称为鳞甲（scutes），是英文里"好可爱"（so cute）的缩写（也可能不是）。如果你是一只乌龟，你可能需要一些时间，来想出最好的行动方案或接下来要说的正确话语，但这没有关系！正因为乌龟需要花一秒钟时间想出下一步该怎么做，才使他们成为如此善良的朋友。

- 喜欢：降噪耳机、关爱、新鲜水果、花哨的润唇膏、朋友送的小而体贴的礼物。
- 不喜欢：被忽视、买杂货、快速决策。
- 爱好：反复观看他们最喜欢的电视节目、任何手工艺，每两周专注于一个新的爱好或许也是一种爱好？

蜗牛

蜗牛是喜欢待在家里的典型，但不要让这一点欺骗了你，让你以为他们没有好奇心。这些小家伙也是保湿的典范，他们真的知道如何照顾自己。他们实际上可以生产自己的护肤品

（是的，人们用蜗牛的黏液来做护肤品）！蜗牛完全可以安心地待在家里，因为他们已经把自己的家变成了一个舒适的、安全的空间。然而，他们喜欢了解世界，而且只要他们感到安全，他们就能成为伟大的探险家。虽然蜗牛喜欢自己的家，但他们知道世界的真相——他们在哪里，家就在哪里。

- 喜欢：柔软的枕头、新奇的耳环、井然有序的书架、水晶、圆形马克杯。

- 不喜欢：性别差异、荧光灯、无聊。

- 爱好：护肤、在网上看昂贵的房子、举办晚宴。

蜥蜴

在冷血动物中，蜥蜴出奇地外向。只要身边有一些朋友，无论是在阳光下闲逛，还是在家里坐着，他们都一样乐在其中。如果你是蜥蜴，无论好坏，你都喜欢参与其中，并且经常发现自己在房间的中心而不是角落里。无论何时，只要有可能，你都希望自己尽可能地成为主角，但你知道没有一个爬行动物是一座孤岛，你也喜欢向你的朋友提供支持。

- 喜欢：收到短信、迪斯科球、聚会、点睛单品、八卦。

- 不喜欢：孤独、纯咖啡、交通。

- 爱好：邀请朋友来家里做客、拍摄永远不会给别人看的美妆教程、收集东西。

美西螈

你好呀，美丽的小怪物。美西螈是你能拥有的最奇怪的小伙伴。你的美西螈朋友总是会鼓励你走少有人去的路，或是尝试你以前从未考虑过的爱好。（但你猜怎么着？事实证明，你在这个爱好上出奇地擅长，快谢谢美西螈！）这些美西螈按照自己的方式生活，很少被同伴的压力或公众的意见所左右。这也就是说，他们往往比他们表现出来的更没有安全感——有时他们用自己的方式做事，不是为了叛逆，而是因为他们只知道这些。美西螈受益于朋友们，那些对他们意想不到的时尚选择给予肯定、支持他们非常规的生活方式的朋友，但他们也会在美西螈需要时提供一些生活常识。

- **喜欢**：大胆的印花、手工制作的一切、霓虹灯、立体书、有趣的事实。

- **不喜欢**：资本主义、冗长的电影、照着食谱做饭。

- **爱好**：怪异地坐在椅子上、收集独立出版社出版的书籍、寻找新的爱好。

寄居蟹

寄居蟹是小家伙的典范。他们很可爱，也很奇怪，喜欢以一种既迷人又有点奇怪的方式到处乱窜。寄居蟹属于既可爱又焦虑、既讨人喜欢又紧张的类型。他们有一种过度思考一切的倾向，这常常导致他们陷入苦恼。寄居蟹需要能提醒他们并非所有事情都那么深奥的朋友，并在必要时提供一个可以哭泣的肩膀。幸运的是，寄居蟹非常可爱，所以他们很容易交到好朋友。

- **喜欢**：舒适的沙发、茶话会、纸巾盒、可重复使用的水壶、甜食。

- **不喜欢**：早起、仓促的感觉、倒垃圾。

- **爱好**：给朋友写信、读爱情小说、把冰箱装满。

蛇

蛇总是在奔波。他们勤奋而专注,当他们埋头苦干时感觉最好。要说服蛇型哥布林冷静下来很困难,但一旦说服成功,他们就会像对待他们刚刚专注的项目一样,努力地让自己冷静下来。蛇喜欢有几个可以提醒他们何时休息的亲密朋友,而作为回报,蛇的朋友会得到热烈的关心和忠诚,使大家的生活更美好。

- **喜欢**:满满当当的日历、花哨的笔、治疗焦虑的药物、找到简单的方法来完成复杂的任务。

- **不喜欢**:凌乱的工作空间、朋友不回短信、读不喜欢的书。

- **兴趣爱好**:玩角色扮演类的桌游、囤积散装茶叶、不时检查电子邮箱。

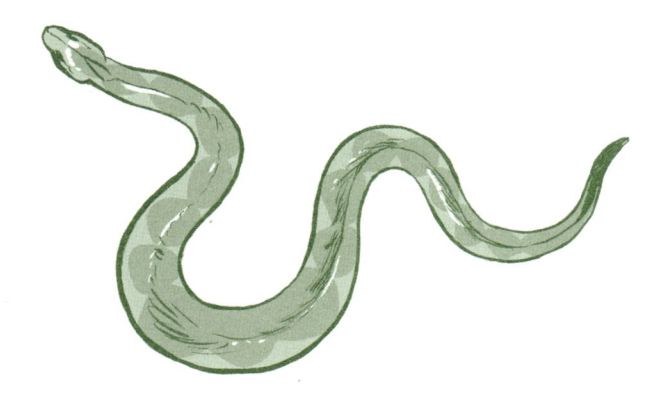

介绍一下：一些很酷的青蛙

如果你打开这本书，希望找到一些可爱的两栖动物，那你的愿望就要实现了。有些人可能看到青蛙就会被它那鼓鼓的眼睛、黏糊糊的皮肤、怪异的舌头，或是其他许多奇怪而令人不安的身体特征吓坏了。但小哥布林知道青蛙的真相：它们超酷的。它们真的非常非常酷。从它们令人印象深刻的颜色和外观，到它们的跳跃能力，再到它们奇怪的呱呱叫声，青蛙是特别有趣的动物，值得我们给予它们所有的爱。

因为所有的青蛙都是如此精致，所以很难只选择少数几只来代表所有最酷的青蛙。希望你能找到你最喜欢的青蛙物种，但如果没有，也不用失望。事实上，所有的青蛙都能在这份最酷的青蛙名单中获得荣誉提名，因为所有的青蛙都很酷。现在开始正式发布，让我们开启青蛙时刻。

- **壮发蛙**。这种青蛙被称为"恐怖青蛙"是有原因的——它看起来太诡异了，有些东西根本就不应该有毛发！虽然这不是真正的毛发——长在雄性壮发蛙身上那些类似毛发的结构实际上是一种鳃，这让它们可以在水下停留更长的时间来照看它们的卵。所以不要担心，如果你认为这些毛发很恶心，那当你知道它实际上是一堆组织和动脉的集合，就像外部的鳃时，你应该会长舒一口气。

等等,这么一想,更糟糕了。

- **毒蛙**。每个曾经对两栖动物感兴趣的孩子都知道这些家伙。作为青蛙世界的辣妹,它们小而可爱,颜色漂亮,而且毒性很大。对于一种既可爱又有毒的生物来说,这实在是令人满意。这些青蛙从皮肤上分泌毒液,所以只要接触到一只就会产生不良反应。事实上,金色箭毒蛙被认为是地球上最有毒的动物之一。毒蛙证明了所有哥布林都知道的道理:好东西不在个大。

- **飞蛙**。如果你认为普通的跳蛙很酷,那让我们有请……会飞的青蛙吧。好吧,严格来讲,它们更多的是滑翔而不是飞行,但那也算飞了。最著名的飞蛙品种有蹼状手指,而且四肢之间有的额外皮肤,这样它就可以在树木之间滑行并空降到地面。这些青蛙最高可以滑翔到15米,当你考虑到它们的长度跟手掌宽度差不多时,这一点就会尤其令人印象深刻。这些青蛙是梦想家,它们不满足于简单的行走或跳跃,所以它们把事情交给自己的黏黏的小手指。真是令人钦佩。

- **叶蛙**。你可能已经猜到,我们要提到的三角枯叶蛙看起来,就像一片叶子。这些青蛙喜欢躲在雨林地面上的叶子堆里——这里对于一种进化得像雨林地面小叶子的动物来说,真是一个完美的藏身之处。它们的头上有两个尖,看起来像角一样,说明这些青蛙是非常时尚的。在青蛙家族中，还有什么比叶子加上角更好看的造型呢？叶蛙很是知道如何根据环境搭配衣服。

- **可爱且吱吱叫的小青蛙宝宝**。好吧，这种青蛙严格意义上应该被称为沙漠雨蛙，但它们很可爱，很小，而且喜欢吱吱叫，所以这个名字也没有错。这些可爱的小家伙发出可怕的战斗叫声，听起来就像是一个吱吱作响的玩具。沙漠雨蛙圆润而完美，即使对于青蛙来说，它们也略显奇怪。它们生活在沙漠中的洞穴里，不需要生活在水中就能生存。它们也因为太圆而无法跳跃，所以它们只能走来走去。哥布林们肯定会和一只可爱、完美，同时也是相当奇怪的青蛙联系在一起的。

蛙嘴零钱包

如果你正在寻找一种方法，让你随时熟悉你的哥布林特性，试着做一个蛙嘴零钱包吧。这个工艺品很好，因为它不仅能让你炫耀你对最喜欢的两栖动物的爱，它还是储存小宝物的完美地方——石头、树叶、电影票、笔记、硬币。以防万一，在你身上装一个小的哥布林囤放物品的东西，总归是一个好主意。这个工艺品最好的一点是，它非常简单，制作起来也不花什么钱。它应该只需要不到半小时就能完成，然后其余的时间你就可以把它装满宝物了。

你需要的东西

* 一个正方形或类似正方形的信封。
* 毛毡或废旧的布料（最好是绿色或是其他青蛙颜色的）。
* 记号笔。
* 剪刀。
* 热熔胶枪。
* 尼龙搭扣。
* 塑料眼睛。

要做的事

1. 将信封完全展开,使之成为一张平坦的纸。

2. 把展开的信封放在布料上,用记号笔将展开的信封的形状描在布料上,然后把它剪下来。你应该剪掉一个角,大致可以得到一颗钻石的形状。

3. 翻转布料,使布料底面朝上,平角朝向你。将左右两边的角对折,并在两个角碰到时将它们粘在一起。确保你没有把这两个角粘在布料的背面。

4. 在底下的角上涂上胶水,并将其向上翻转以粘住折进去的角(你正在改造原来信封的形状)。

5. 在顶角的底面粘上一个尼龙搭扣,在平角上粘上另一半尼龙搭扣,也就是在所有角相接的地方。

6. 是时候进行装饰了!把塑料眼睛粘在零钱包的顶部,让它看起来像一张青蛙的脸。随意发挥你的创造力吧!可以加上一个毛毡制作的舌头,或者贴上一些闪片。

7. 你已经完成啦!享受在冒险过程中,给你的青蛙朋友喂食所有宝藏的快乐吧。

黏糊糊的明星

虽然主流社会并不准备承认这一点,但我们的文化似乎对爬行动物和两栖动物有着浓厚的兴趣。从科米蛙到忍者神龟,这些小家伙在我们的媒体中随处可见。我们痴迷于这些黏糊糊的、有鳞片的怪家伙。这些生物可能有点奇怪,有点黏,有时甚至有点毒,但在内心深处,它们是很棒的动物,对我们的生态系统极为重要。它们得到了很多免费的、积极的宣传,这非常好。哥布林可以从这些动物身上学到很多东西,所以让我们开始讨论一些虚构的爬行动物和两栖动物,以及它们给我们带来的经验吧。

- **《青蛙和蟾蜍》**:故事书里这两个可爱的主角可以传授给哥布林很多经验。这些经验有:吃很多饼干的重要性、如何给朋友写信,以及欣赏美好的一天。然而,青蛙和蟾蜍传授的最好的经验当然是,怎样去爱你最亲近的人(或两栖动物)。青蛙和蟾蜍总是为对方着想,除了自己的需要外,还会考虑对方的需要,他们每次在一起时都会显露出对对方的关心。

- **《拼拼凑凑的变色龙》**:在艾瑞·卡尔的这本经典儿童读物中,主人公是一只无聊的变色龙,在看到动物园里所有漂亮的动物之后,他想尝试一些新的东西。无聊和寻找新事物的感觉对我们来说很熟悉，但我们大多数人，都没有能力将我们身体的某些部分真正地变为全新的形状。然而，我们可以开始试着画一堆深色眼线，试图成为哥特人；或者非常喜欢炒蔬菜，试图成为素食主义者；再或者只穿20世纪60年代流行的服装款式，试图装扮成一个时间旅行者，让老人感到困惑。《拼拼凑凑的变色龙》鼓励你进行所有的尝试，因为有时你需要尝试之后才能发现什么是不可行的。当然，这本书的最终寓意是最好做自己。变色龙在尝试大量的新事物后，了解了自己。来吧，给头发染色，骑着自行车到处跑，而且只穿牛仔靴。如果你从不尝试，你怎么会知道什么适合你？

- 科米蛙：科米蛙可能是所有流行文化中最知名的两栖动物，他是《大青蛙布偶秀》中长腿、大眼睛、绿色的普通人。他喜欢弹班卓琴，也喜欢解决分歧，而他最大的成就是让猪小姐爱上了他。科米蛙是一个很容易学习的角色，因为他讨人喜欢、幽默、冷静，而且是一个非常有才华的作曲家。我们能从科米蛙身上学到最好的经验之一就是，领导力并不总是看起来很有侵略性和压迫性。正如科米蛙表现出来的那样，好的领导力就是要倾听别人的意见，在需要道歉的时候道歉，并努力为朋友和同事们做最好的事情，同时考虑到他们的感受。

- **忍者神龟**：莱昂纳多、拉斐尔、多纳泰罗和米开朗基罗最初只是四只普通的小乌龟，但在接触到有毒废物后，他们变成了打击犯罪的超级英雄（而且是青少年）。忍者神龟生活在纽约市的下水道里，以他们的忍术技能、对比萨饼的热爱和相当激进的说话方式而闻名。尽管神龟们不断地被赋予拯救纽约的任务，但他们总是保持乐观和快乐。无论施莱德编造了多少次接管世界的假计划，忍者神龟都做好了阻止他的准备，并在做这件事的时候发掘乐趣。在这种情况下，大多数人都会因压力过大而得荨麻疹，但神龟兄弟们通常会玩得很开心，然后吃比萨。我们都可以从忍者神龟身上学到冷静。有时情况看起来很可怕，但一旦你真的身处其中，最后也没什么大不了的。也许我们都应该尽量不要把事情看得那么严重，这样我们可能也会大胆一些。

- **龙克斯**：《动物森友会》中朋克的、痴迷于虫子的红色变色龙，永远是我们小岛上的一位受欢迎的访客。他喜欢对各种虫子抒发诗意，当他想到皇蛾的美丽和壮观时，就会深深地陷入沉思。他也是一个有天赋的艺术家，喜欢制作你卖给他的昆虫和蛛形纲动物的复制品。（他也肯定与海狸俞司廷，他的室友、伙伴、钓鱼爱好者有关系，是不是？是的。）任何玩过动物森友会的人都知道，龙克斯对自然界的崇敬令人印象深刻，既可爱又让人羡慕。如果我们都能像龙克斯一样走来走去，被周围世界的美景所吸引，那会怎么样呢？如果我们都花时间注意到，即使是自然界中最小、最被忽视的部分也非常可爱，那会怎么样呢？龙克斯提醒了我们，要保持惊奇感（尤其是涉及虫子的时候）。

- **拉夫兰蛙人（Loveland Frog）**：神秘生物算是流行文化的一部分吗？为了这个列表的缘故，让我们说是的。拉夫兰蛙人是一只四英尺高的青蛙，生活在俄亥俄州，用后腿像人一样走动。很酷，对吧？他只是一只儿童大小的青蛙，在俄亥俄河流域游荡，吓唬青少年，惊动警察。哥布林可以从这种两栖神秘生物身上学到无穷无尽的经验，比如如何在一个社区的核心地区制造恶作剧，并成为俄亥俄州的标志。但是，也许拉夫兰蛙人能给我们上的最好的一课是，无论你有多奇怪，总有人在寻找像你一样的人。就像辛辛那提人对拉夫兰蛙人的喜爱一样，外面的人也会因为你是谁而喜爱你。

虫子伙伴

你如此想养一个奇怪的宠物,但你对普通的青蛙、蜥蜴和蛇的阵容不感兴趣。那你是否考虑过……虫子?虫子其实很棒,因为它们不占用很大的空间,而且它们通常比爬行动物和两栖动物照顾起来更便宜。有些虫子的养护成本很高,但我们假设你先从养一些简单的虫子开始,它们除了需要你的爱和照顾外,不需要太多的东西。昆虫、蛛形纲动物和各种令人毛骨悚然的小爬虫都可以成为哥布林的好宠物,因为哥布林喜欢有甲壳的朋友。下面介绍一些适合新手的虫子。

🍄 **螳螂**:没有什么昆虫比螳螂更酷了。螳螂是绿色的,有大大的眼睛、奇怪且弯曲的手臂和隐藏起来的翅膀。它们是美丽的宠物。此外,它们只需要一个带盖子的小玻璃缸、一层土,以及一些植物和树枝作为栖息地。然而,它们是食肉动物,所以不要在一个玻璃缸中饲养超过一只。如果你好好地照顾了螳螂,让它们过得很好很快乐,那基本上你就会有一个很酷的小外星人在你的房子里发呆。

🍄 **竹节虫**:还有一种迷人而且不太需要养护的昆虫宠物,那就是竹节虫。它们对栖息地的要求与螳螂一样,而且它们的主要食物是莴苣。想象一下，把一根活生生的树枝当作宠物，还有什么比这更令人心动的呢？但要注意的是，如果这些昆虫逃出你的围栏，它们会对环境造成生态破坏，所以要确保它们的栖息地被密封好了。

🌱 **蟋蟀**：这些懂音乐的昆虫是很好的宠物，只要你喜欢它们鸣叫的声音。它们对栖息地的要求与前面提到的虫子相同，而且它们喜欢吃生菜和水果。养一只这样的家伙作为宠物，意味着你总是可以在蟋蟀舒缓的叫声中入睡。

第四章 青蛙和蟾蜍是朋友

照料和饲养这些生物

如果你已经决定不仅要和有鳞的、黏糊糊的朋友相处，而且你还想养一只作为宠物，下面将介绍一些关于如何养好你的哥布林宠物的信息。

本节并不是饲养爬行动物和两栖动物的全部指南，但它是一个很好的起点，方便你想象有一个黏糊糊的小家伙住在你的房间里会是什么样子。你有照顾这个宠物所需的基本物品吗？你知道在哪里可以找到你没有的物品吗？你是否有时间、空间，以及足够的精神力量，来照顾一个可能会活很多年的生物？这些是你在阅读本节时需要考虑的一些问题。（在为此做出承诺后，你应该做更多的研究，也许甚至可以和其他拥有同种宠物的人聊一聊，然后再把它带到家里。）

也许你一开始会对蜥蜴感兴趣，但后来发现你更适合养寄居蟹。那也没关系！这说明你认真思考了你最适合照顾什么宠物，这很好。毕竟，尽管这些宠物比猫或狗更特别一些，但它们仍然需要大量的思考和照顾。如果出于某种原因，你不能满足某种动物的基本需求，那这种动物就不适合你。请把本节看作是一个入门指南，看看哪种生物最适合你，或者最后你发现还是青蛙毛绒玩具更适合你。

青蛙

寿命：取决于不同的物种，青蛙的寿命在3~15年之间。

栖息地：由于有些青蛙是完全水生的，有些是陆生的，而有些喜欢树，所以在建造它们的栖息地时，你必须考虑特定青蛙物种的需求。以下是一些很好的经验法则。

- **水生青蛙**：对于这些青蛙来说，你需要准备一个真正的水族箱，而不仅仅只是一个陆栖动物饲养箱。确保你的空间能容纳一个至少40升的水族箱，你需要保证水族箱里水的干净而新鲜，而且不含氯气，并且水的温度对青蛙来说是合适的（大概不低于25℃）。

- **陆生青蛙**：大多数陆生青蛙需要一个至少40升的陆栖动物饲养箱，尽管这种饲养箱不会像水生青蛙的水族箱那样深。在大多数饲养箱中，你都需要确保有一碗水可以让青蛙泡进去，还要有一个加热灯或加热垫，以及一个喷雾瓶来喷水箱，以确保饲养箱保持适当的温度和湿度。一定要在饲养箱上盖一个盖子，这样青蛙就不会跳出来了！

- **树栖青蛙**：如果你决定收养一只树蛙，那你需要一个特殊的陆栖动物饲养箱，它的高度要比宽度更长，要有空间来增加植物、树枝和藤蔓，方便青蛙躲在里面。你的饲养箱应该至少要有55升。同样，你需要一个加热灯或加热垫，以及一个喷雾瓶，以保持合适的温度和湿度，你还需要一碗水,来让青蛙泡进去。

饮食:大多数青蛙在野外都是吃各种各样的昆虫,但在人工饲养的情况下,你可能很难给青蛙提供足够多的种类,使它们补充所有需要的营养。正因为如此,无论你给你的青蛙喂什么,在喂食前给食物撒上营养补充剂非常重要。这可以确保你的青蛙能得到它所需要的所有营养,从而保持健康。此外,请注意喂食的分量。像很多动物一样,青蛙会一直吃,吃到生病为止,所以你要确保它们不会暴饮暴食。

健康:不要想着和你的青蛙拥抱,因为它们对经常抱着的反应不好。你手上的油、肥皂和乳液都会让青蛙的皮肤不舒服,而且有些青蛙会携带沙门氏菌。如果你要把青蛙拿起来的话,最好戴上乳胶手套,而且要在这之后洗手。

其他:有很多不同的青蛙物种是被人工饲养长大的,所以在去宠物店或宠物救助站之前,一定要做好研究。

蜥蜴

寿命:蜥蜴的寿命在5~50年之间(是的,这是真的)。

栖息地:蜥蜴有很多不同的种类,它们对栖息地有不同的需求,所以当你为它们建造一个家时,一定要对特定的蜥蜴做好研究。一般来说,蜥蜴几乎都需要一个加热灯和一个全光谱灯,以保持它们的温度稳定。大多数陆生蜥蜴都需要一个生态箱,这就像是一个水族箱或一个陆栖动物饲养箱，只是它是专门为冷血动物准备的。蜥蜴还需要树枝、沙子、树皮、泥炭苔或其他环境中需要的物品，使它们的生态箱可以模仿它们的自然栖息地，并给它们提供隐藏和攀爬的地方。不同种类的蜥蜴可以长成不同的大小，所以在给它们建造栖息地时，一定要考虑到特定蜥蜴成年后的平均大小。你需要有足够的空间让成年蜥蜴在生态箱里活动。

饮食：不同的蜥蜴有不同的饮食需求。例如，有些蜥蜴可以吃市面上的大部分蜥蜴食物，而有些则需要活的猎物。有些蜥蜴可以吃少量的水果和蔬菜，有些则主要以蚂蚁为食。和青蛙一样，你可能需要在蜥蜴的饮食中补充某些维生素和矿物质，以保持它们的健康。一定要根据你的蜥蜴的特殊饮食需求来喂养它。

健康：保持蜥蜴生态箱里的清洁、温暖和安全，并确保它有适当的充实活动，不要太拥挤。很多看似无关紧要的事情都会使蜥蜴生病。例如，如果你的蜥蜴缸里的湿度不够高，那它可能就会有脱毛的问题，如果你的蜥蜴没有获取到足够多的钙，那它可能会出现骨骼问题。

其他：如果你想在一个缸里同时养几只蜥蜴，请研究一下哪些种类的蜥蜴与同伴相处得好，哪些则不行。生活在一起的蜥蜴也可能有更高的感染风险，要牢记这一点。

寄居蟹

寿命：在适当的照顾下，寄居蟹可以活过10年。

栖息地：寄居蟹具有社会属性，应该两只或更多只地生活在一起，每两只寄居蟹需要一个至少40升的玻璃缸。缸底确保要有至少四指厚的沙子，或是与椰子纤维混合的沙子，覆盖在缸底。寄居蟹喜欢挖掘！它们还需要两个水碗，一个装淡水，一个装盐水。确保碗里有足够多的水让寄居蟹泡进去，但又不至于让它们淹死。为了保持寄居蟹缸的温暖和湿润，买一盏加热灯，使缸保持在20~25℃，并每天用除氯的水喷洒寄居蟹。不要忘记喷水，否则你的寄居蟹会窒息而死！最后，一定要有一些可供寄居蟹隐藏和攀爬的地方，比如浮木、空心树枝、塑料植物、洞穴和贝壳。

饮食：寄居蟹是杂食动物，所以可以给它们喂食混合的食物。寄居蟹的食物很容易就可以在宠物食品店买到，但你也可以用莴苣、菠菜、木瓜、芒果、海藻、胡萝卜和坚果来给它们补充饮食。加入钙质补充剂也是一个好主意，可以支持它们的外壳生长。

健康：寄居蟹会定期蜕掉外壳。当它们蜕壳时，它们会把自己埋在沙子下面，在这个过程结束之前，不要打扰它们。在这期间，最好有第二个水缸来容纳其他寄居蟹，这样它们蜕壳的过程就不会被打断。在蜕皮完成后，寄居蟹也可能会争夺脱落的甲壳，这也是使用双缸方法的另一个好理由。一定要让正在蜕壳的寄居蟹保持湿润，而且要有充足的水雾，这对蜕壳过程有很大的帮助。

其他：你的寄居蟹每隔一段时间就会需要一个新的、更大的贝壳。当你的寄居蟹蜕壳时，确保你准备好了另一个稍大一点的贝壳，可以让它搬进去。

与生物交流

如果你读了上一节，觉得"呀，我还没做好把这些动物当作宠物来养的准备"，那也没什么的。这实际上很棒，对自己诚实很重要，特别是当涉及到你是否有照顾一个有生命的东西的能力时。然而，仅仅因为你不打算出去领养一只宠物青蛙，也并不意味着你不能找到其他方式来亲近两栖动物朋友。有很多方法可以欢迎动物，而不必非要把它们当作宠物，哥布林是赞美怪异和野生的忠实粉丝。哥布林们了解，心中的一席之地不需要非得转变为房间中的实物。这里有一些方法，可以将你最喜欢的生物带入你的生活，但不需要真的将其带入你的小窝。

毛绒动物玩具：这似乎是个显而易见的解决方案。毛绒动物玩具有很多很多，有许多不同的、很酷的风格。不管你的审美是什么样的，你都可以找到适合你的毛绒动物。此外，很多更适合哥布林的动物在现实生活中并不适合拥抱。如果你想拥抱一只青蛙，相较于一只真的青蛙，你和毛绒青蛙依偎在一起会更开心（世界各地的真青蛙都会感激你没有试图拥抱它们）。如果你想的话，你甚至可以亲自制作自己的毛绒哥布林朋友！毛绒填充动物是一种很好的方式，可以让你感觉到与你所爱的动物的亲近，而不需要真的去接近那个动物。

配饰：如果你是那种喜欢把自己的想法彰显于外的小哥布林，这是一个不错的选择。从钱包、发夹再到美甲、珠宝，用一切东西来代表你对可爱的、黏糊糊的生物的爱。无论你是喜欢简单地打扮自己，还是喜欢全力以赴，你都可以找到适合你的水平的动物配饰。如果你喜欢蛇，可以买一双印有蛇的袜子，用很酷的黏土蛇做一些耳环，或者在你的指甲上画蛇，向世界炫耀你的爱——或者同时做所有的这些事情！用穿着打扮来炫耀你的激情并没有错，每天穿着你最喜欢的动物甚至可能让你感到更舒适和自信。拥抱怪异配饰的力量吧！

艺术：把你最喜欢的生物做成艺术品，来分享你对它们的爱！无论你是喜欢绘画、刺绣、纸模、木雕，还是喜欢在空闲时间涂鸦，把你喜欢的东西做成艺术品，保证会让你觉得与那东西更亲近。你可以花时间思考乌龟的样子，浏览乌龟的照片，然后制作艺术品来体现乌龟对你的意义（一直是乌龟）。此外，这也是与世界分享你的爱的一个好方法。如果你厌倦了一个人画乌龟，可以尝试举办一个手工艺品之夜，让你的朋友挑战画乌龟，或者鼓励他们画他们自己喜欢的动物。艺术是构建社区和分享才能的绝好方法。

装饰：就像在衣服上搭配饰一样，装饰也是一个很好的方法，可以用来提醒自己的喜好。无论你是自己动手制作还是在旧货市场挑选，用你最喜欢的哥布林生物作品来填满你的小窝，可以快速地使你的空间有家的感觉。你可以挂上蜥蜴的海报，找到印有青蛙的枕头，买一个有可爱卡通螃蟹的床罩，甚至可以做一个以蛇为主题的画廊墙。当你的朋友来参加生物手工艺品之夜时，你可以要求他们各自制作他们最喜欢的动物的艺术品，你可以在你的空间里展示。这样一来，你的装饰会就会让你想起你最喜欢的哥布林生物，还有你最好的哥布林朋友。有很多方法可以将你的兴趣带入你的空间，即使你不能养宠物，你仍然可以让你的小窝充满爱。

文身：文上你最喜欢的生物是一种承诺，你也许已经准备好做出这个承诺了。还有什么比在身上文着两栖动物更能显示出你对两栖动物的热爱呢？文身将展示出你对你最喜欢的动物的承诺，而且它们肯定会让你感到与该动物更亲近了。毕竟，还有什么能比在你的皮肤上的东西更亲近呢？文身也允许你为你最喜欢的生物添加一些亮点。你可以文上一只开着船的青蛙，一只戴着漂亮帽子的蜗牛，或者一只从壳里探出一束花的乌龟。根据你和你的文身师想出的艺术形式，你的文身可以描绘出你最喜欢的动物的各种事情。

花时间在外面：这种与世界联系起来的老派方式之所以能

成为经典，是有原因的。无论你是决定在你的社区周围散步，在森林中远足，还是在博物馆或图书馆中漫步，都有各种方式可以看到、了解，并与你最喜欢的生物联系起来。即使你不能在家里养青蛙，在附近的溪流中寻找蝌蚪可能也是一个接近青蛙的好方法；即使你觉得还没有准备好在你的屋檐下养一只蛇或乌龟，那在图书馆研究它们，让你有机会更好地了解这些生物也不错。你不一定要拥有一只动物才能感觉到与那只动物的亲近——事实上，你想一想，那是一个相当资本主义的想法。在动物们的自然栖息地远远观瞧，就可以让你感受到与动物之间的联系，就好像在你的房间里饲养动物一样。当你身处自然栖息地时，你可以看到更多东西，它们彼此相连。我们可以感受到与我们所爱的事物很亲近，而不需要身体上一直靠近它们。

　　生物就在我们身边——在人行道上爬行，在岩石下窜动，在泥土中打瞌睡。我们并不总是注意它们，但它们总是在那里。当我们意识到这些小动物是多么常见时，我们也可以承认它们已经是我们生活中的重要部分。也许在你的院子里有一个青蛙家族，每天晚上太阳下山的时候就开始唱歌，或者可能有一天你花了一个下午的时间看着一只蜗牛用黏液穿过人行道。这些可能看起来非常细枝末节，但它们实际上证明了我们的生命与我们周围的生物是多么密切相关。如果听不到那些青蛙的声音，你还会觉得是晚上吗？如果没有那只蜗牛，你的下午会不会很寂寞？

我们越是注意这些经常被忽视的动物，我们就越能从它们身上学习到东西。当你路过本地的池塘时，开始注意一下乌龟，或者下次你在海滩上时，注意一下寄居蟹。放慢脚步。注意你上次看到那个动物时没有注意到的东西。保持好奇心，你肯定会从这些奇怪的生物身上学到比你以为的更多的东西。

你越是注意，就越能看到每一种生物都有自己的个性和自己的怪癖。没有两只蜥蜴会沿着完全相同的路径爬上树，也没有两只蜗牛会以相同的速度吃白菜叶。这些变化可能很微小，但如果你注意的话，它们确实存在。你越是看到这些差异，你就越是会欣赏每一种生物，因为它们都是独立的存在。从来没有一只寄居蟹与你上周在潮池中发现的那只一模一样，以后也不会有。生活在一个充满奇怪、黏稠、硬脆、冷血生物的世界里，就是要与这些奇迹般的小生物共存。不是每个人都能明白这一点，但哥布林对我们能和蜗牛生活在一起感到自豪。

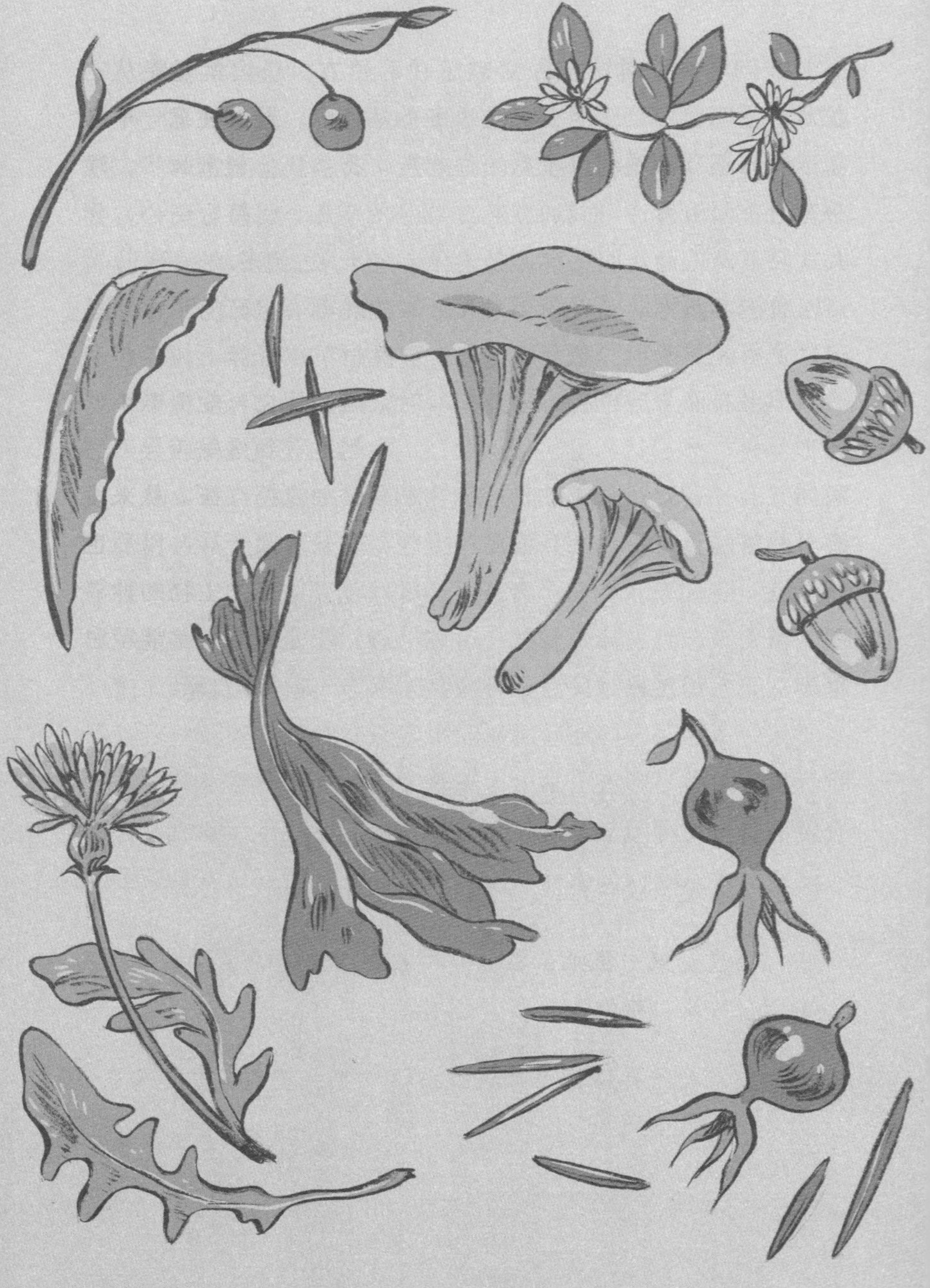

第五章

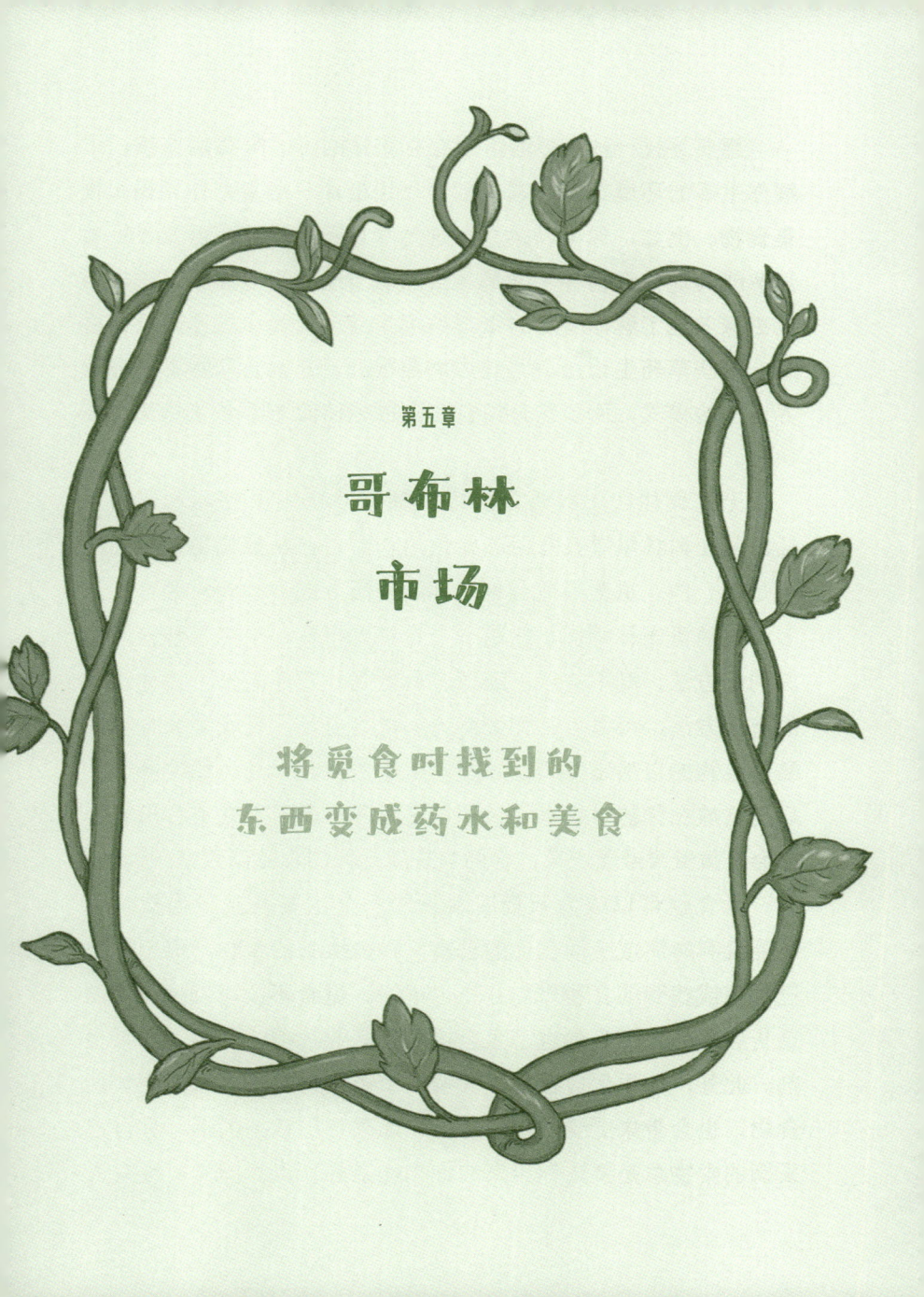

哥布林市场

将觅食时找到的
东西变成药水和美食

想要寻找一种奇妙的、适合哥布林的方式来接触自然，了解你生活的环境？不妨试试觅食吧！觅食就是在野外寻找和收集食物。例如，你可以做一些研究，看看你附近是否长了野生洋葱或其他什么物种。这是一个探索当地植物群的好方法，可以更深入地了解你周围的生态系统。当你开始注意哪些花在盛开，哪些草药生长在不同的生物群落时，你就会开始了解自然界运作的模式，而那些曾经看起来很神秘的东西会突然变得很熟悉。

无论你住在农村还是城市，都有办法将觅食融入你的生活。从在树林里寻找有用的绿色植物到自己种植，觅食方式绝不是单一的。觅食很适合哥布林的生活方式，因为它融合了许多不同的哥布林特征。它是一个走进大自然、更多了解自然世界的好方法，既不花钱，还很容易做到。它还是一个让你动手的有趣方法，可以帮助你变得更加自给自足，是收集和分享很酷的宝物的自然延伸。觅食基本上就是捡起一片酷酷的叶子然后把它放在你的口袋里，只不过这片叶子属于罗勒或百里香，亦会有蔷薇果或薰衣草，你的口袋就是你的食品储藏室。

觅食也可以成为杂货店购物的一个重要补充。当然，你可能没有时间或空间在你的公寓里种植所有的食物，但用你自己种植或找到的食物作为补充也很好。觅食不仅可以减少你的杂货店账单，而且你也不太会接触到商业种植的蔬菜上的杀虫剂。此外，如果你自己种植食物，或寻找自然界中自然生长的食物，也会带来更少的包装污染。如果不出意外的话，你自己采摘的食物总是要比你买来的食物味道好一点。同样，没有人期望你在后院开一个农场,但即使是少量的觅食,也能带来了不起的惊人变化!

不过,觅食最大的好处也许是它推进了哥布林与环境之间的联系。如果你生活在城市,很容易感到与自然脱节。觅食可以提醒你大自然就在你身边,与自然产生联系也远比你想象的容易。把草药和蔬菜植物带进你的空间,了解你周围哪些植物可以秘密食用,用你自己种植和发现的食物做饭,都是恢复你与自然界关系的好方法。你觅食得越多,你对环境的了解就越多,你与自然的联系也就越紧密。你是自然界的一部分,觅食将帮助你看到这种联系,也帮助你了解围绕着我们所有人的平衡和生态系统。

如何在树林和绿地上觅食

所以,如果你住在树林或绿地附近,想开始用摆在你面前的绝佳机会来觅食。只需做一点准备和计划,就可以很容易地开始觅食。可以提前做一些基础工作,这样你就能清楚地知道你在寻找什么。毕竟如果你只需要五朵蒲公英的话,你也不会想出去摘一千朵吧!留一些蒲公英给其他需要它们的人、动物和虫子。觅食时不要浪费,只拿你需要的东西。在你去之前制定一个游玩计划,这样你就可以以一种既可以满足你的需要,又考虑到了环境的方式进行觅食。下面是一些让你更擅长觅食的方法。

- **找出你附近有哪些可食用的植物。** 为了找到你所在地区的可食用植物，可以尝试在网上、图书馆或当地的植物园或温室里查询。在植物园或其他植物很多的地方，甚至可能会有关于如何在当地觅食和可以寻找什么植物的课程！

- **带上一本导游手册。** 当你觅食时，带着一些当地可食用植物的指南总归是一个好主意，因为好多花、浆果和绿色植物看起来很像。如果可以的话，也许该找一个愿意在你第一次或第二次尝试时，向你展示觅食方法的专家。记住要特别小心有毒的植物，还有那些和它们看起来很像的无毒植物！

- **打扮漂亮去觅食。** 穿得像文艺复兴博览会（renaissance fair）[1]上的侠盗一样，去收集你的自然战利品可能很吸引人，但如果你穿上舒适的鞋子和方便运动的衣服，一定会更合适。毕竟你也不想把泥巴弄到你自制的刀鞘上。如果你要出去觅食，穿的衣服既要让你有一定的活动空间，又可以保护你不受恶劣环境的影响。

- **找出要躲避的东西。** 查一查附近森林中可能存在的各种危险。比如虱子、蛇、麋鹿、蚊子，甚至是具有侵略性的荆棘或其他带来疼痛的植物。花足够的时间进行研究，以便你能一眼认出这些危险。最后，确保你采取到

---

1 流行于美国的一种以"文艺复兴"为主题的庆典活动，博览会以穿着古装的游客和极具古典风格的商品为特色。——译者注

了必要的预防措施（例如不要将皮肤暴露在蜱虫面前，当你在树林中移动时发出点声音来吓跑驼鹿或鹿）。

- **带上适当的工具。** 觅食时，你可以用很多专门的工具——例如浆果采摘器，用它耙过灌木丛，舀起所有的浆果。如果它们能让你的生活更轻松，那就欣然接受吧！但是，你在觅食时可能只需要一本觅食指南和一个用来装你的发现的容器，当然，还有适合觅食的衣服。为了盛放你觅食时找到的东西，你可以用一个水桶、一个旧的购物袋、一个午餐盒、一个碗——基本上可以是任何你不介意弄得有点脏，而且可以携带一段时间的东西（马上就会给你介绍如何制作属于你自己的容器）。

- **避开蘑菇。** 本书不会告诉你如何觅食蘑菇，也不鼓励你这样做。风险实在是太大了！即使你有一本很好的蘑菇指南，但仍然有许多蘑菇看起来极其相似，而且有些真的很危险。如果你是一个蘑菇爱好者，可以考虑自己种蘑菇，而不是在野外寻找蘑菇。（如果你在厨房里放上一根看起来很酷的旧木头用来种蘑菇，那这也算是一种装饰。）如果你一定坚持要寻找蘑菇，请将你发现的蘑菇带到当地的植物园或其他植物学专家那里，让他们对蘑菇进行评估。再多一双眼睛来检查蘑菇也无妨，特别是如果你是业余爱好者，而另一双眼睛来自专业人员的话。长话短说：除非你是蘑菇专家，否则不要采摘野生蘑菇。不过，如果你是蘑菇专家，那祝贺你的人生选择，让你拥有了一个这么酷的职业。

一个快速而简单的觅食容器

如果你要经常去觅食，可以试着制作这个容器。它非常容易制作，而且能用很多年。它也是由回收材料制成的，这是一个大大的哥布林加分项。用浆果或蔬菜填满它，再将它冲洗干净，当你外出觅食时，可以反复使用它来携带你的宝物！

你需要的东西

* 一支记号笔。

* 一个空的塑料牛奶壶。

* 剪刀或裁纸刀。

* 大约60厘米长的绳子（细绳）。

* 颜料、贴纸或其他装饰品（非必须）。

要做的事

1. 用记号笔在牛奶壶上画一条斜线，从把手的上方一直画到壶身前部大约三分之一或一半的位置。在壶的另一边也进行同样的操作，把这两条线连接起来。

2. 用剪刀或裁纸刀，沿着你画的线裁剪。

3. 把绳子绕在你的腰上，把一半的绳子绕在另一半的绳子上打一个反手结。（请看第三章的"穿针引线"，了解如何打反手结。）

4. 将绳子的另一端系在牛奶壶的把手上。想让绳子搭在你的腰上的话，要确保绳子足够紧，但不要紧到让人觉得不舒服。

5. 如果绳子太长，就把它剪短。

6. 如果你愿意，可以在你的容器上画画或贴贴纸来装饰。（颜料或记号笔最终可能会被摩擦剥落，但这意味着你可以再一次地装饰它。）

7. 你已经完成啦！现在你已经拥有了一个容器，它可以紧紧地贴在你的身上，而且不需要你用手去抓，并且它还可以装下大量的采摘物品。

九种你不知道可以吃的植物

如果你正在寻找一种特殊又自然的东西来添加到你最喜欢的食谱中,你只需要去看看你的后院就可以了。那里有超级多可食用的植物,而且你可能都没有意识到,许多生长在你的花园或附近树林中的植物,实际上是可食用的。无论你是想做茶叶还是果酱,抑或是想为你最喜欢的菜里添加一些意想不到的味道和颜色,你都有可能在一出门的地方找到你需要的东西。这就是觅食的力量!

在我们讨论这些神奇的、可食用的植物之前,需要再次注意的是,当你打算觅食时找可食用的植物,那就一定要小心谨慎。很多安全的植物都存在有毒的相似替身。毕竟你不想让自己(或你的朋友)生病,所以要确保随身携带一本好的指南书,并在吃之前向专家展示一下你的觅食成果。还要记住的是,就像杂货店的普通产品一样,你永远不知道你最终会对什么过敏。最后,请注意,土壤的毒性和潜在的杀虫剂可以让美味的植物变成危险的植物。觅食时记住所有这些要点,你就能成为一个安全、快乐的小哥布林,拥有一个满当当的食品储藏室。

海带。当然了,海苔是一种流行的小吃,但你可能没有想到海带也是可以食用的。(好吧,如果你经常吃东亚的食物,也许你确实想过。但是，对一个人来说是常识的东西，对另一个人来说可能是完全陌生的，这个清单就说明了这一事实。）如果你住在海岸附近，试着从水中捞出一块海带——你可以把它切开，然后吃掉每一部分！海带是很好的干货，但它也可以被腌制，做成意大利面，加到沙拉里，等等。它的营养非常丰富，而且对环境也有好处。还有什么是海带不能做的？

- **刺荨麻**。虽然你在采摘荨麻时需要小心（它们会刺痛你，因此得名），但这种植物有很多烹饪用途。在最初处理它们时，你需要戴上手套，但一旦它们进入高温环境，就可以被安全地处理了。从那开始，你可以把叶子和藤蔓做成沙拉或比萨饼的配料，你甚至可以用它们作为香蒜酱的主要成分。刺荨麻是一种特别出人意料且有价值的觅食食物。

- **香蒲**。香蒲是一种你必须在其生长周期内的特定时间采摘的植物，因为你不想吃到一嘴的香蒲绒毛（或者至少，你可能是不想吃到一嘴香蒲绒毛——最终的选择权在你）。如果你在花簇仍然是绿色的时候采摘香蒲，你可以生着吃它们，也可以像煮玉米一样把它们煮熟。香蒲的根部和花粉也可用于食谱，使之成了另一种可以做出多种美味的植物。

- **野蔷薇**。野蔷薇的美味程度不亚于它的美貌程度。晚秋，野蔷薇结出一种叫蔷薇果的果实，有淡淡的柑橘味。蔷薇果可以用来做果冻、饮料或者茶，在一年中其他地方没有什么水果味道的时候，它们提供了一种很好的水果味道。当然，如果你想做一些漂亮的东西，野蔷薇的花也可以用来为许多食物添加迷人的粉红色。

- **蕨菜头**。这些独特的、卷曲的绿色食物在荚果蕨的顶部形成，每年只有几周的采摘窗口期，所以如果你想觅食，一定要在日历上做个记号！蕨菜头可以炒成为任何一餐的甜甜的、坚果味的配菜。你还可以烤它们，炸它们，把它们放在沙拉里，腌制它们……选择是无穷无尽的（美味也是）。不过，请确保不要生吃它们！荚果蕨如果生吃会引起食物中毒。如果你自己寻找蕨类植物，确保你坚持寻找荚果蕨，因为其他品种可能有毒。

- **乳蓟**。不要以为乳蓟只是一种漂亮的紫色花朵，它也可以做成美味的小吃，而且几个世纪以来一直被用作治疗肝脏的补品。并非每种花都有那么大的威力！乳蓟的大部分都可以吃，从花球到叶子再到茎。但这种植物的种子用途最多，它的种子可以被烤熟作为零食食用，或被磨成调料，甚至可以成为咖啡替代品。

- **松针**。是的，这是真的——松针是可以食用的！你可能不想啃树枝，但松针可以浸泡在奶油或普通的糖浆中，为你的食物添加一些甜、辣、松香的味道。在甜点中使用松树糖浆或松树奶油，将普通的甜食升级为真正特别的东西（还有什么能比用自己采摘的松针做的甜点更有哥布林味道呢）。

- **旋果蚊子草**。凡是接骨木花能做的，旋果蚊子草都能做得更好。这种古老的草药曾经因其药用效果而备受追捧，但现在它更像是一种甜美、可口的调味品，可被加入甜酒、蜂蜜酒和茶。如果你想给你的朋友做一杯真的令人难忘的鸡尾酒，可以尝试用旋果蚊子草浸泡普通的糖浆，或者干脆用这种芬芳的花朵制作自己的甜酒。

- **树皮**。很多树皮都可以食用，只要你采摘的是内层树皮而不是粗糙的外层树皮。采摘树皮的时候要小心，因为采摘树皮会损坏树木。不过，只要你小心谨慎，取对了树皮，你就会有一个很好的觅食宝物！树皮可以用来泡茶，磨成粉，制成油或者药膏，甚至可以切成条状，煮成适合觅食者的面条。不过，在你采摘之前，一定要研究一下树皮的可食用类型，否则你就会用"豆腐"舌头去啃"刀子"树皮。

橡子脆片

如果你已经为测试觅食能力做好准备了，可以先用你收获的橡子做橡子脆片。这很有趣，也很容易做，而且会让你所有的朋友说："诶，这个是你用橡子做的？"

你需要的东西

* 1杯橡树果仁。

* 1杯细砂糖（如果你身边有砂糖话，也可以用砂糖）。

* 一条毛巾。

* 一把锤子或木槌。

* 一个足以容纳所有橡子的大锅。

* 一个煮锅。

* 一个铺有烤盘纸的烤盘。

要做的事

1. 首先，检查你的橡子，把不好的扔掉。好的橡子看起来和摸起来都很好，它们有点重，看起来很干净而且很光亮。坏的橡子可能太轻、太小，或者是变色了，没有光泽，满是虫洞。扔掉坏的橡子（最好是放在外面或堆肥箱里），把好的留下。

2. 在一个坚固的表面铺上一条毛巾，在上面铺上一把橡子，将毛巾的一半叠在橡子上。然后，拿起你的锤子或木槌，开始用力砸，使橡子的外壳破裂。完成后，收集果肉，丢掉壳子，然后把这个流程再做一遍，直到你剥完了准备好的坚果。

3. 煮洗橡子果。这是去除单宁酸的关键，单宁酸的味道很苦，可能会让你感到不适。在锅里装上橡子果和水，然后烧开。等水一沸腾就把它倒出来，用清水重新注入锅中，然后再次煮沸。不停地这样做，直到水变清澈。

4. 将糖倒入锅中，用小火加热，不停地搅拌。糖很容易烧糊，所以这个过程你要集中注意力，而且还要确保不要把热糖沾染到皮肤上。

5. 一旦糖融化了并变成深棕色，就倒入橡子果，继续搅拌，直到橡子果完全融入糖中。

6. 把锅从火上拿下来，小心地把糖和橡子果的混合物倒在铺有烤盘纸的烤盘上。用勺子或铲子将它们分散开来，使其均匀地分布在烤盘上。

7. 让烤盘冷却。等到橡子脆片变硬，你就完成了。

第五章　哥布林市场

你的野生药箱

如果你在寻找比一般的植物更有用的东西，那你很幸运。野外有很多植物都有药用价值，可以用天然的方式来缓解疼痛，治疗皮肤病，缓解恶心，还可以做很多其他事情。它们与你得到的处方药，甚至是柜台上买到的药一样有效吗？并不会，但如果你喜欢用天然的方式治疗轻微的疾病，那这些植物绝对可以帮助你。有时，知道哪些野草可以缓解头痛也很有趣。每个人都喜欢那种有一点巫术的感觉。

> 你知道吗，有许多种植物在历史上被用作堕胎药。在过去，孕妇使用各种植物来帮助诱发流产。似乎堕胎就像植物本身一样自然。

请记住，你附近生长的药用植物类型可能与下面列出的不同，因为不同的地方会生出不同的植物。（谁会想到呢？）虽然这里涵盖了不同的生物群落，但你所在地区的具体植物仍然可能是不一样的，而且你附近生长的药用植物肯定比我们在这里详尽列出的还要多得多。在你开始觅食这些类型的植物之前，请对当地的植物群做一些研究！这是与你的植物邻居和广大的植物社区建立联系的好方法。

还有一个重要说明：虽然这些植物很不错，但它们不会取代现代医学的奇迹。如果你有严重的疾病，不要用自然疗法来代替你的处方药。另外，如果你想开始定期使用这些植物疗法，请先与你的医生讨论它们可能对你的身体产生的影响，或是与你的其他药物可能发生什么样的相互作用。这些植物是天然的，并不意味着它们不会产生任何负面影响。最后，在你进入药用植物的世界之前，考虑你可能会对什么过敏。如果泡制了可以包治百病的茶，喝了以后却得了荨麻疹，那就糟糕了。

- 芦荟。这种沙漠植物因其治疗烧伤的能力而备受欢迎。切下一小片芦荟叶，将里面的芦荟胶抹在烧伤处，或者每天在晒伤处抹几次胶，你的患处马上就会觉得好起来。

- 姜黄。姜黄因其抗炎特性而闻名，作为配料使用时，它的抗氧化性也很有名。用姜黄泡茶是一种简单而美味的方法，可以获得这种植物的抗炎功效。发酵姜黄可以让它的效果变得更加强大，而且发酵姜黄被认为是可以改善肝脏功能的。

- 洋甘菊。另一种药用植物，可以做成很好的茶！洋甘菊可用于治疗失眠和轻度焦虑症状，因为它通常具有镇静、催眠的作用。睡前泡一杯洋甘菊茶可能会帮助你睡得更好。

- 小白菊。这种漂亮的花被用来治疗头痛已有数百年的历史。食用该植物根部以上的任何部分都可以缓解头痛和偏头痛，不过定期服用小白菊但是突然停止的话，会导致头痛复发。把这种植物晒干，用叶子泡茶，是治疗头痛的一种镇静方法。

- **生姜**。生姜不仅好吃，而且作为一种抗恶心的治疗方法也非常管用。无论你是在处理晕车、晨吐，还是在处理与药物治疗有关的恶心，生姜都可以提供一些缓解功效。生姜、干姜，把它们当作茶——有很多方法可以让一些药用姜在你的日常生活中帮你缓解恶心。

- **欧蓍草**。这种植物有点像万能药，因为它可以内服也可以外用，可以帮助解决所有问题，从牙痛、发烧、腹泻到伤口愈合。这种植物的几乎每个部分都可以用来治疗一些疾病。你可以把欧蓍草晒干，当茶喝，或把它当作膏药敷在伤口上。这种古老的植物有很多用途。

城市哥布林的觅食指南

也许你在读这一章的时候想："这一切似乎都很酷，但我住在城市里！如果我没有太多机会接触到绿色空间，我还能觅食吗？"别担心，可爱的城市哥布林，你仍然可以尽情地觅食，但你的觅食方式和你能找到的宝物可能会有点不同。

对于城市哥布林来说，觅食可能涉及更多的厨房菜园，或者利用小阳台作为空间来种植少量的食物。它也可能像是一个你随身携带的环保袋袋，帮助你收集在通勤时偶然发现的一些东西。城市觅食需要更多的创造力，但这并不意味着它不可行。事实上，小哥布林是理想的城市觅食者，因为他们喜欢发挥创造力和留意寻找很酷的东西。毕竟，如果不是为了寻宝，那还要觅食做什么？

在本节中，你会发现很多在城市中觅食（和种植）植物的想法。如果你没有绿色空间，那就自己创造吧！如果你想得到现成的新鲜食物，那就在你的公寓里种植吧！如果你喜欢出去寻找意想不到的可食用植物，你也可以这么做。城市哥布林和其他类型的哥布林一样有能力觅食。

走向绿色：如何获得绿色空间

不幸的是，我们生活在一个资本主义社会。这意味着获得绿色空间的机会可能会因为收入、地理、环境种族主义和其他因素而受到严重限制，这些因素大多可以归结为金钱。（环境种族主义是指环境政策和基础设施问题对黑人、原住民和其他有色人种造成不成比例的伤害，如在密歇根州弗林特市，一个主要的黑人社区多年来没有可饮用的水。）正因如此，很多生活在城市的人对绿色植物的接触几乎可以忽略不计，这对我们来说这很糟糕，它限制了我们的觅食能力。然而，有一些方法可以在你附近创造更多的绿色空间。这里有一些关于如何通过改善你对自然的接触,从而改善你的生活的主意。

加入或自己建造一个社区花园。 在你决定创建你自己的社区花园之前,做一些研究,看看你附近是否已经有了一个活跃的社区花园。如果你的地区附近已经有了一个非常好的花园,那就没有必要自己再开辟一个花园了!如果你找不到当地有任何社区花园,你可以考虑建造一个。建造社区花园不是一件容易的事,但如果你有时间和资源,它可以成为你所在地区的一个重要补充。这不是一个一蹴而就的过程,它需要努力——你需要衡量社区的兴趣;为感兴趣的人举办会议;寻找赞助商;研究当地关于租用或购买花园空间的法律;选择、购买和准备一个场地;可能还有更多要做的事。但是,如果你能做到,那就去做吧!

> 如果你不能让每个人都能免费使用你的社区花园,那么就不要建造了!这些花园是解决食物不安全问题和增加一个地区社区感的好方法,但如果人们必须付钱才能使用你的花园,那你实际上就没有真正意义上地提供这些东西,你只是在创造更多的私人土地。

把你的公寓变成一个温室。 研究一下在室内生长良好的植物,并开始在你的窗台、厨房台面或阳台上种上你的绿色植物。无论你是想小规模地种植一些草药,还是想尝试像种西红柿或柠檬这样的大项目,都有很多植物能在室内茁壮生长。如果你的园艺技能不精,那就从容易种植(而且很难养死)的东西开始，比如薄荷或者四季桔树。是的，如果你自己种植了你要觅食的食物，也算作觅食的！

参观公共公园。你以前可能没有想过当地公园的觅食潜力。在公园里散步可以得到橡子、蒲公英、野蔷薇，甚至可能有香蒲——所有可食用的植物，你都可以在城市里觅食。下次你去公园散步或野餐时，请留意一下，你可能会发现比你预期的更多的可食用植物。不过，在开挖之前，一定要查一下当地关于在公共公园觅食的规定！

看看装饰性的绿色植物。大多数城市规划者在规划城市时，肯定会纳入一些树木、灌木或是花卉。即使你附近没有公园，也可能有一条由一排树木或灌木装点的街道。与其把这些绿色植物当作纯粹的审美用途而置之不理，不如花一些时间来确定它们到底是什么类型的植物。虽然它们是为装饰目的而种植的，但这些植物也可能是很好的觅食对象。

> 虽然在法律上这算是一个灰色地带，但嫁接游击（guerilla grafting）是城市里的一些市民对抗食物不安全的一种创新而有趣的方式。嫁接游击是指，人们将可以结果和长坚果的树枝嫁接到城市中现有的、不可食用的树上的过程。这意味着现有的树木将开始在其新嫁接的树枝上结出食物。

第五章　哥布林市场

室内花园？在室内？这比你想象的更容易做到

所以你想把你的公寓变成你的个人觅食天堂，但不确定从哪里开始。别担心，因为无论你的园艺技术水平如何，都会有一种很好的室内植物适合你。无论你是园艺天才还是新手，下面这些植物都是在家里种植的最佳选择。等你一旦种好了所有的东西，你就可以尽情地觅食了，而且不需要离开你的小窝！

- **任何香草植物**。如果你刚刚开始种植，草本植物是你公寓花园的一个绝佳选择。它们耐寒，生长迅速，易于照料，而且没有什么比新鲜采摘的香草更能为你的饭菜锦上添花了。试试种植百里香、罗勒、薄荷、迷迭香、欧芹、牛至……不胜枚举。还有一个意外惊喜，那就是种植香草会让你的公寓闻起来很香。

- **平菇**。虽然有一些蘑菇很容易在室内种植，但平菇尤其简单（而且美味）。你可以把它们放在一个温暖、潮湿、阴暗的地方（比如水槽下就很好），它们可以在任何地方生长——从吸管到咖啡渣。如果你是种蘑菇的新手，对这个过程感到很紧张，你也可以购买一个种植蘑菇的整套工具，它能为你提供种植快乐真菌所需的一切。

- **柠檬香蜂草**。如果你正在寻找简单的、有药用价值的植物放在室内，香蜂草是一个很好的选择。它和所有香草一样容易种植，但它还有一个优点是对你的消化系统有好处。如果你是一个经常胃痛的人，这是一种绝佳且易种植的家养植物。

- **微型蔬菜**。这些小芽菜含有大量的维生素和矿物质，而且它们很容易在室内生长。即使在弱光下它们也能生长良好，而且不需要很多打理。你只需要在你的窗台上留出一些空间，它们就可以在短时间内发芽，你就可以收获微型蔬菜了！

- **薰衣草**。这种花既是一种可食用的植物，又是一种药用的植物，它具有双重作用。你可以将薰衣草花晒干，为你的饮料和甜点增添花香；或者将其放入浴缸，舒缓肌肉疼痛。薰衣草油也可以局部使用，帮助治疗伤口和皮肤病；或者吸入薰衣草油，达到镇静的效果。你在厨房里种的这种植物可以带来很多好处！

城市地区的可食用植物

你可能会惊讶于许多常见的植物都是可食用的——你可能会发现，你在通勤时经过的可食用植物远不止一种。一旦你了解了哪些野草、树木和花朵适合觅食，你就会开始以一种全新的眼光看待你的城市。城市不再是一个寒冷、灰暗、远离自然的地方，而会是那些聪明的、知道该找什么的觅食者们意想不到的天堂。仅仅因为城市没有像郊区或者农村那样的绿色空间，也并不意味着你不能满足你的哥布林欲望，成为一个觅食大师（只要你是在公共场所觅食而不是在邻居的院子里觅食）。狩猎愉快！

- 蒲公英。你小时候可能经常拔蒲公英，做蒲公英花冠，或者吹蒲公英种子来许愿。但是你知道吗，蒲公英实际上可以做出美味、有营养的食物。你可以把根部泡茶，把绿色部分丢进沙拉里，把花酿成酒，还有很多其他方法。它的食用方法非常灵活，你以后就不会把蒲公英再看成野草了。蒲公英在整个北美洲，以及澳大利亚、新西兰、印度、非洲南部和欧洲部分地区都可以找到。

- 三叶草。三叶草不仅是一种漂亮的地面植被，而且它的花朵可以为茶、果冻、糖浆、饮品等添加一种淡淡的、甜甜的花朵味道。用水熬制花朵，并将熬出来的浓汤加入任何你想要的东西。红三叶草甚至可以晒干磨成粉！谁会想到这些小花有这么大的潜力呢？除了东南亚和澳大利亚，几乎所有地方都可以找到三叶草。

- 繁缕。这种所谓的杂草很容易找到，而且含有大量的营养物质——这证明它是觅食者最好朋友。这种植物的叶子和花都可以食用，既可以生吃也可以煮着吃。试着把它们添加到沙拉、汤、意大利面、香蒜沙拉和更多食物里，以增加营养。在美国大陆、欧洲和亚洲部分地区都可以找到繁缕。请注意，在一些地方，这种植物被认为是入侵植物，所以通过觅食它，你实际上是在为环境做贡献！

- **皱叶酸模**。你以前可能见过这种植物，因为它基本上到处都长。也许你在路边，或者在公园里，或者在人行道的裂缝之间发现了它。皱叶酸模不仅广泛生长，而且还可以食用。在春末夏初觅食这种植物，你可以像处理其他蔬菜一样剥皮，烹调它的茎部。皱叶酸模有一股淡淡的酸味，可以生吃也可以煮着吃（甚至可以腌制）。它是城市觅食者的理想植物！在美国大陆、欧洲、亚洲和几乎所有的加拿大地区都可以找到皱叶酸模。

- **橡子**。为什么我们看到杏仁那么欣喜，却忽视了现成的、富含维生素的橡子？橡子和其他坚果一样，如果准备得当（需要过滤去除苦涩的单宁酸），你可以用它来做各种菜肴。烤橡子是美味的零食，也是烘焙食品的绝佳添加物，而且橡子粉因其坚果味而广受欢迎。在北美洲、亚洲、欧洲、非洲北部，以及中美洲和南美洲的大部分地区都可以找到橡树。

- **大车前草**。这种杂草随处可见，这对觅食者来说是个好消息。大车前草的叶子可以生吃或煮着吃，但你要确保在春天叶子还嫩的时候采摘，否则它们会变得黏稠苦涩，一般来说不太好吃。一旦你收获了一些叶子，试着把它们替换到通常需要菠菜的食谱中，你肯定会对结果感到满意的。大车前草可以在北美、亚洲和欧洲的大部分地区找到。

- 朴树。朴树经常被种植在城市周围作为装饰，但哥布林觅食者应该注意到它们的价值不仅限于审美的范围。这种树的果实有一层薄皮，包裹着核心部分可食用的、营养价值极高的种子。它们是一种松脆的、有坚果味的零食，味道微甜。在冬季收获它的果实，你就会有一种美味的零食，或是有一种有趣的新配料可以尝试（朴树果子可以用来制作坚果牛奶！）。朴树可以在北美的大部分地区找到。

- 藜。世界各地都有藜，在许多国家，藜是一种流行甚至是抢手的食物。城市里的哥布林们很幸运，它很容易找到和采摘。这种植物的叶子和花都可以食用，不过吃叶子的更常见。如果你想用藜的叶子做菜，你可以快蒸或快炒——只是要确保不要把它们放在火上太久，因为这些叶子很脆弱，一旦煮得过熟就会碎掉！藜可以在南北美、夏威夷、非洲、澳大利亚和许多北方国家找到。

- 苋菜。这种植物不仅漂亮，而且对觅食者来说也有双重作用。在春季和夏季，可以收获苋菜叶子进行烹饪。不过，夏季和秋季才是苋菜真正发光的时候。这是一年中苋菜种子长出来的时候，这对觅食者来说是一个令人兴奋的消息。苋菜种子非常有营养，可以制成粉，还可以用于各种食谱，基本上与其他古代谷物的制作方法相同（想想藜麦和法罗麦）。除南极洲外，各大洲都可以找到苋菜。

- **桑葚**。这种受大众欢迎的树会结特别美味的浆果，肯定会让所有哥布林觅食者都满意。成熟的桑葚大部分呈黑色，并带有一丝红色。一旦你开始发现桑葚变成这种颜色，就是收获的时候了！你会很高兴有这些美味浆果的供应，因为它们可以用在各种地方。用它们来制作桑葚馅饼、果酱、冰沙、桑葚派、雪葩、松饼，等等。最重要的是，这些浆果在城市中很容易找到。是时候去觅食了！桑葚可以在北美洲、南美洲、南亚和非洲南部的大部分地区找到。

蒲公英油

蒲公英油有很多日常用途,无论你是想缓解肌肉疼痛还是放松忙碌的大脑,它都可以发挥功效。只需记住,这个配方不是用来吃的!蒲公英油只适用于局部使用(如果你想吃蒲公英,可以试着把它们做成茶、果冻或酒)。如果你想用蒲公英以外的东西做油,可以使用相同的方法,但需要用你选择的干草药或干花代替蒲公英。

你需要的东西

* 足够多的蒲公英来填充容器。

* 一个有盖的玻璃瓶或容器。

* 橄榄油,或你自己选的耐储藏的油。

* 一把黄油刀、筷子,或类似的工具。

* 一块布。

* 一根橡皮筋或绳子。

要做的事

1. 首先，从没有用过除草剂或杀虫剂的地方开始采摘蒲公英。挑选正在开花的黄色蒲公英。

2. 当你把蒲公英带回家时，把它们好好冲洗一下。把蒲公英的花切下来，在滤锅里用冷水冲一下，然后把它们放在一大碗水里大约10分钟，偶尔用手搅动一下。

3. 将蒲公英弄蔫，使其稍微干燥，之后把它们放在毛巾上，用纸巾轻轻地盖住，放在外面过夜。

4. 将蒲公英放进容器里。把油倒在上面，直到完全覆盖住它们（最好在油的顶部和容器的顶部之间留下大约半厘米高的空间）。

5. 用黄油刀轻轻地戳油，把气泡放出来。

6. 用布盖住容器的口，再用橡皮筋固定。将容器放在阳光充足的地方，放置2周。注意不要超过这个时间，否则油可能开始发霉。

7. 2周过后，将蒲公英的花过滤掉，然后把油倒进一个干净的罐子里。如果盖上盖子（普通的盖子）并储存在阴凉干燥的地方，你的油可以保存长达一年之久。

可食用和药用的植物

既然你已经在厨房里收集了大量植物,你可能正在好奇知道接下来该怎么做。幸运的是,有很多方法可以让你收集的东西变得有用。从烹饪到保存,再到制作浸剂和酊剂,你精心收集的植物可以发挥很大作用。

首先,确定哪些植物是可食用的,哪些是药用的——你会对生的欧蓍草沙拉的味道不满意的,而桑葚膏药只会把你染成紫色(有些植物,如车前草和蒲公英,则既可以食用也可以药用)。一旦你确定好了,仔细地清洗植物,毕竟你也不希望有虫子或灰尘破坏你的美味佳肴。另外,检查你的植物是否需要做额外的处理(例如橡子在煮熟之前应该被过滤)。等你仔细检查你的研究和觅食发现后,你就可以开始以你认为合适的方式使用它们了。

如果你不想立马用完所有的植物,快速保存最简单方法就是把它们装进密闭的拉链收纳袋里,然后把它们放进冰箱。写上植物的名字、包装的日期,如果你愿意的话,还可以写上你在拆开袋子后需要做的处理(比如你还没有过滤过这个植物)。在装袋时,尽量将植物铺成相对平坦的一层。如果储物袋里的植物不是装成很大一坨的话,更容易保证它的密封性。然后,只需要用嘴把袋子里的空气全部吸出,再把它密封起来,然后放进你的冰箱里。这样就大功告成了!你采集的食物应该能像这样保存几个星期。有了这种快速的保存方法，希望你会觉得有足够的信心，可以尝试以下技巧来消耗你的觅食发现。

脱水

　　无论你是想自己做茶，还是想让觅食食物保存得更久，学会让食物脱水对任何觅食的小哥布林来说，都是一项特别棒的技能。而且它真的很容易做到。首先，把食物焯一下（快速煮一下，然后泡在冰水里），以确保它能保留更多的颜色和味道。之后，你有几个选择。对于水果和较大的蔬菜，把它们切得相对薄一点（不必像纸一样薄，但尽量把厚度控制在半厘米以下）。将烤箱的温度调到最低，最好是60℃左右，然后将切片放在烤盘上。把烤盘放入烤箱，并做好等待的准备。你的食物在烤箱中可能需要至少8个小时才能脱水，但要确保时不时地检查一下食物的状态！

　　对于草药，脱水的过程甚至更容易了。只要洗净草药，然后把它们绑成一个小花束的形状，倒挂在一个没有阳光直射的干燥地方，让它们风干。这个过程需要几天时间，所以最好把

草药放在一个纸袋里,以避免灰尘、污垢或虫子堆积在你的干草药上。特别适合干燥的植物有薰衣草、迷迭香、鼠尾草和百里香。这些都是坚韧的草药,不太会迅速发霉,可以经受住几天的晾晒。

一旦你的食物脱完水,就把它们存放在阴凉、干燥、阴暗的地方,放在密闭的容器中。现在,你觅食的物品应该可以保存几个月了!

蜜饯和果酱

不要被自己制作蜜饯的任务所吓倒——它看似非常简单但却非常值得。你所需要的只是水果、糖、罐子和时间。如果你保存得当,这个过程将使你觅食的东西安全地保存一年以上。在开始之前,确保瓶子是清洗过的(手洗或用洗碗机洗都可以)。接下来,称量一下你想把多少斤的觅食物做成果酱。一个粗略的经验法则是,糖和水果的比例大概在1:2,更具体的配比也可以在果酱食谱里找到。将水果和糖倒入锅中,放在小火上不断搅拌,直到混合物开始变硬。一旦出现这种情况,就把果酱倒入罐子里。最好将罐子煮沸(罐子应完全浸没,装满果酱,且盖着盖子)大约10分钟,以便将罐子密封起来。果酱、

果冻和蜜饯之间的区别在于最终成品的浓度和罐子里有多少水果。（果冻是由果汁制成的，果酱是将水果捣碎，而蜜饯则使用整个水果或大块的水果。）当然，制作果酱还有很多技巧和窍门，但希望你现在可以知道，这并不是一件困难的事情。这也是觅食的小哥布林度过一天的好方法！

苹果、李子、黑莓、柑橘类水果、醋栗、蔓越莓等水果特别适合做果酱和蜜饯。因为这些水果的天然果胶含量很高，而果胶是让蜜饯在烹饪时可以变硬的原因。

酊剂和提取物

如果你想最大限度地利用你的药用植物，制作酊剂是一个好方法。这个过程可以将植物里所有好的、有治疗功效的部份提取出来，可以滴在茶或其他饮料里，或者直接服用。将药用植物变成酊剂也会让它们的寿命更长。需要注意的一点是，从技术上来讲，酊剂是用酒精作为溶剂制成的。每次食用少量的酊剂，酒精含量可以忽略不计，但如果你一点酒精都不想要的话，可以用醋代替（用醋的话就算作一种提取物，因为酊剂只能用酒精制成）。

你可以使用新鲜或干燥的植物来制作酊剂。首先将植物切成非常小的碎片。把切好的植物放在罐子里，填满大约一半的罐子。然后，用酒精填满罐子的其余部分，最好是用伏特加等中性味道的酒。把罐子的盖子盖紧，让混合物放置至少6到8周，保证每周检

查一次，摇晃一下。等时间一到，就把酊剂用纱布过滤到另一个罐子里，确保从布上挤出了每一滴液体。大功告成了！现在你有了自己的药用补充剂，而且是由你自己种植或采摘的植物制成的，还有什么比这更酷的呢？

适合用来做酊剂的植物有生姜、小白菊、洋甘菊、缬草、白果、乳蓟和贯叶连翘。这些都是非常有用的药用植物，有很多用途，在晚上的茶里随便加上一两滴，就可以在第二天给你带来力量。

膏药

这可能是使用药用植物的最简单方法。膏药就是植物混合物，可以将其涂抹在皮肤上，帮助伤口愈合、平息炎症、缓解肌肉疼痛，或者有其他类似的功效。制作膏药时，只需从你的采摘到的植物中挑选出对你目前的疾病最有帮助的植物，然后用一点温水或冷水将植物捣碎，涂抹在有问题的区域。如果你把草药直接涂在皮肤上，可以用纱布盖住，这样可以固定。如果你想在膏药上玩点花样，可以用干净的布（甚至是干净的袜子）装上草药，把布浸泡在水中，把里面的草药捣碎，然后把布放在伤口上。用药用植物做膏药超级简单，所以下次当你与炎症或疼痛作斗争时，请尝试一下，看看是否会有帮助！

姜、姜黄、芦荟、桉树和蒲公英，都是可用于制作膏药的好植物。这些植物都有药用功效，制成膏药后对消炎、缓解关节炎和缓解擦伤疼痛都很有用。

觅食可能是与大自然接触的最快、最值得的方式。它在你和自然界之间创造了一种交流，这不是资本主义的交易，而是在真正地分享关怀和理解。在现代社会，很难找到与自然直接互动的地方，但觅食给了我们一个与大自然亲密接触的机会。一旦你开始丰收，你就会开始更多地注意到季节更替，开始根据天气或一年中的时间的变化来改变饮食，开始注意到某些植物何时茂盛，何时枯萎。突然间，你会注意到世界的周期，而在这个一年四季都能在杂货店里找到草莓的时代，我们已经和世界的周期变得如此疏远。

要尊重你觅食的大自然。确保找到采摘的最佳做法，保持你的做法是干净和可持续的，不要拿超过你需要的东西。一旦你掌握了，就可以开始教授别人你的知识了。创建一个由喜欢吃草的小哥布林组成的社区，他们喜欢靠土地生活，哪怕是微不足道的小事。与你关心的人分享财富。把觅食当作一种爱的行为——爱环境、爱自己、爱你周围的人。

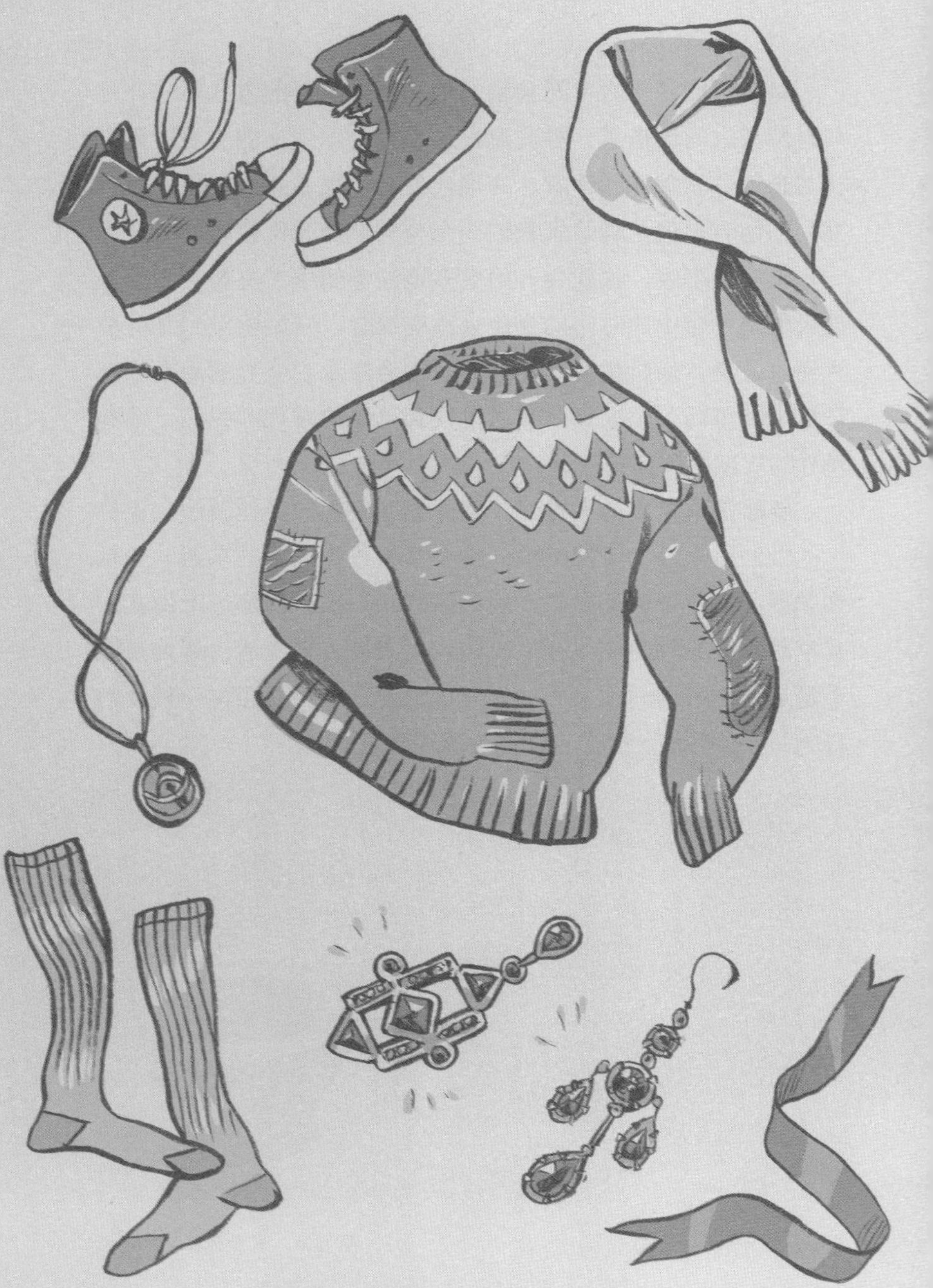

第六章

哥布林的

服饰

寻找并制作你梦中的
舒适衣服

基本上每个人都和自己的衣服有些矛盾。但是，如果你选择放弃跟随社会潮流带来的身材焦虑，而去选择那些让你感到舒适和快乐的衣服呢？哪怕只是些让你感觉还不错的衣服，或者至少是让你可以比较客观地看待自己外貌的衣服呢？没错，实际上这是可以做到的！

因为哥布林都讲究舒适，强调个人风格，寻求自主，所以穿上哥布林风格的衣服意味着穿上你觉得好看的衣服，而不用担心潮流，也意味着找到让你感觉真的很舒适的衣服，并确保无论你选择穿什么，你的衣服都能让你感到快乐。这一章可能无法治愈你的着装焦虑，但我仍希望它能使你觉得自己更有能力去寻找让你感觉不错的衣服。让我们重新思考一下，当我们谈到衣服时，时尚、可持续和舒适意味着什么。

重新思考你与衣服的关系

买衣服时，你一般是否会考虑到面料穿在身上的感觉？是每次试穿的时候都会考虑呢，还是只有在买运动装的时候会考虑？如果你更多地关注衣服的触感而不是它们的外观，那你的衣橱会是什么样子呢？现在就去你的衣柜里，试穿你的三件最时尚的衣服。（同时穿上或者分开穿都可以，你自己决定。）穿着这些衣服伸展一下，坐下来，做一些日常动作，但要特别注意面料在身上的感觉。有哪件衣服的拉链让你不舒服吗？有哪件衣服太小了吗？面料是否粗糙，口袋的位置是否合适？不会连口袋都没有吧?

当你穿着时尚的衣服做完这个小练习后,再穿上你最舒适的衣服试一下。仔细感受一下,你最喜欢的衣服和最舒适的衣服有没有带给你什么不同的感觉?你一般会在什么场合穿舒适衣服呢,在家里还是在干琐碎小事的时候?穿上舒适的衣服,你的身体感觉如何呢,是被挤压着、勒着、摩擦着,还是被抱着呢?你身体上的感受是否会对你的心情产生影响?

这个练习并不是要让你扔掉你最时尚的衣服,而是要让你重新思考一下,穿上让你感觉良好的衣服意味着什么。如果你对"感觉良好"的定义始终围绕着"好看",那也没有问题,但也许这个定义可以拓宽到为你的身体舒适度留出更多空间。如果你觉得让你"感觉良好"的衣服似乎不适合出门,那就反思一下是谁制定了关于"体面"的规则,然后质疑你是否真的认同"体面"这个概念。如果你可以想穿什么就穿什么,想什么时候穿就什么时候穿,而且不用担心别人的评价,那你会穿成什么样?你可能会舒服得多,而且你的衣服也会更有趣。时尚是复杂的,但衣服是为了保护我们和我们的身体不受外面世界的伤害。如果你的衣服能做到这一点,那它们就完成了自己的职责。

穿上更舒适的衣服

哥布林们重视衣服的舒适性、耐用性、可持续性和保护性，而不考虑他们的衣服是不是符合当前流行的风格。但这并不意味着你不能穿得可爱；相反，这是一个好机会，可以让你重新思考"穿得可爱"对你来说意味着什么。如果你能在穿着舒适的情况下用衣服表达自己，那为什么还要穿那些穿在身上并不舒服且似乎并不符合你个人风格的衣服呢？即使你喜欢穿的东西不符合社会规范，也要对自己的时尚感有信心。重视衣服和身体上的积极体验，穿那些让你感到放松和无拘无束的衣服。

哥布林的衣服往往是非常舒适的经典款，而不是那些时尚的却不舒服的衣服。有些人可能会把这种风格与邋遢联系起来，或者觉得它不专业或者不体面。但为什么我们要把舒适与不时尚或不吸引人绑定在一起？难道舒适不是更具有吸引力的吗？穿得舒适的核心是穿上不会主动给你带来痛苦或烦恼的衣服，意味着穿那些让你感到放松的衣服，放弃那些每隔几分钟就需要调整一下、让人不适，或者完全不适合你体型的衣服。

舒适的衣服是让你安心的衣服，它们可以在不增加焦虑的情况下让你顺利地度过一天。赶潮流的衣服则往往与此相反，因为它们都是为了让自己适应一种风格，而不是找到一种适合自己的风格。

衣服本应当在我们的日常生活中为我们服务，但我们的穿着却往往是为了服务他人而不是自己。让我们抛弃这种想法，开始为自己而穿衣服吧。找到让你感到自信的衣服，让穿衣服变成对自己的关心和照顾。重新思考你与衣服之间的关系可能会让你觉得非常有压力，但请记住，你可以从小事做起。下面这个练习将帮助你在穿衣时放慢速度，真正考虑你到底想把什么样的衣服穿在身上。用这个练习来调整你的身体，倾听你自己的想法和你那特殊的风格趣味。

1. 找到你所有最舒适的衣服，把它们放在你的周围。（记住，舒适的衣服是指那些穿在身上让你感觉很好、很放松的衣服——可以是睡衣和运动裤，也可以是几件正好合身的衣服。）

2. 花点时间用手摸摸你的衣服，感受面料的质地和厚度。思考一下这些质地为什么会吸引你，以及将它们穿在身上的感觉如何。想一想你会在什么时候选择穿这些衣服。

3. 闭上眼睛，试着关注你今天身体上的感觉。冷吗？热吗？疲倦吗？有什么地方疼吗？给你自己一点时间，真正调整你身体上的感觉。或许甚至可以做一次身体扫描冥想（如果你需要指南的话，网上很容易就可以找到）。

4. 一旦你感觉到与身体有了更多的接触，接下来就想想今天不同的衣服都能给你带来什么。也许你醒来时满头大汗，所以想穿件T恤；也许你的房间很冷，所以你想穿条运动裤；也许你的背疼痛不已，所以全天穿着舒适的网球鞋会对缓解不适感有益。花一分钟思考你的身体需要什么，并决定哪些衣服能最好地服务于今天的你。

5. 穿上你选的衣服，无论它是什么样子的，但如果你不想的话，不要强迫自己照镜子。你不需要在开始一天的工作之前花时间检查你的衣服和身体。提醒自己，你今天不是为别人而穿的，而且坦率地说，你在别人眼里的形象从来都不重要。你自己觉得舒服才是重要的。

6. 如果你还是在潜意识的诱导下在镜子前检查自己，并且因此产生了消极的想法，那就请闭上眼睛，试着重新调整自己身体的感觉。想一想你今天选择的衣服对你的身体有什么帮助，想想为自己和自己的舒适而着装的感觉有多好。如果你需要的话，可以再来一次冥想。你值得花时间来感受衣服的舒适。

7. 如果练习完第6步后，你仍然觉得这件衣服不舒服，那就可以随意换衣服。也许你选择的衣服因为某些原因让你不舒服，这没什么的。选择衣服并不是一件一蹴而就的事。如果你某件衣服无法让你感受到舒适，不用为此感到挫败，因为你是在为自己着想，并且意识到了自己需要什么。

8. 在你身边随时放一件额外的T恤或连帽衫（或其他舒适的衣服）吧，以备你想换身衣服。我们的身体在一天中的感觉从来都不是一成不变的，所以能够在你需要的时候对衣服进行调整是件好事。

9. 在睡前，花点时间思考一下你白天穿着这些舒服衣服的感觉。感谢自己把舒适放在了第一位。感谢你的睡衣为你提供了另一种新的舒适。记住，你今天为自己做了一件好事，这是作为一个哥布林的重要任务。

希望在这个练习之后，你会觉得你与衣服有了更多的联系，而且更重要的是，你与你的身体有了更多的联系。花时间与你的身体建立联系可能让你感到恐惧，有时你会发现身体里有你一直试图忽视的东西。但是，如果你善待你的身体，并把自己包裹在舒适之中，你可能会感受到一种你从未有过的平静。让你的衣服成为让你平静的东西，而不是分散注意力的东西。哥布林们有太多的事情要做，没有时间去担心痒痒的标签和磨脚的鞋子。每天早上花点时间倾听你身体里柔软的动物（向玛丽·奥利弗的《野鹅》致敬），之后你就会有更多的时间专注于有趣的哥布林活动了，比如在泥土中觅食，或者在泥土中寻找宝藏，或者只是坐在泥土之中。

第六章 哥布林的服饰

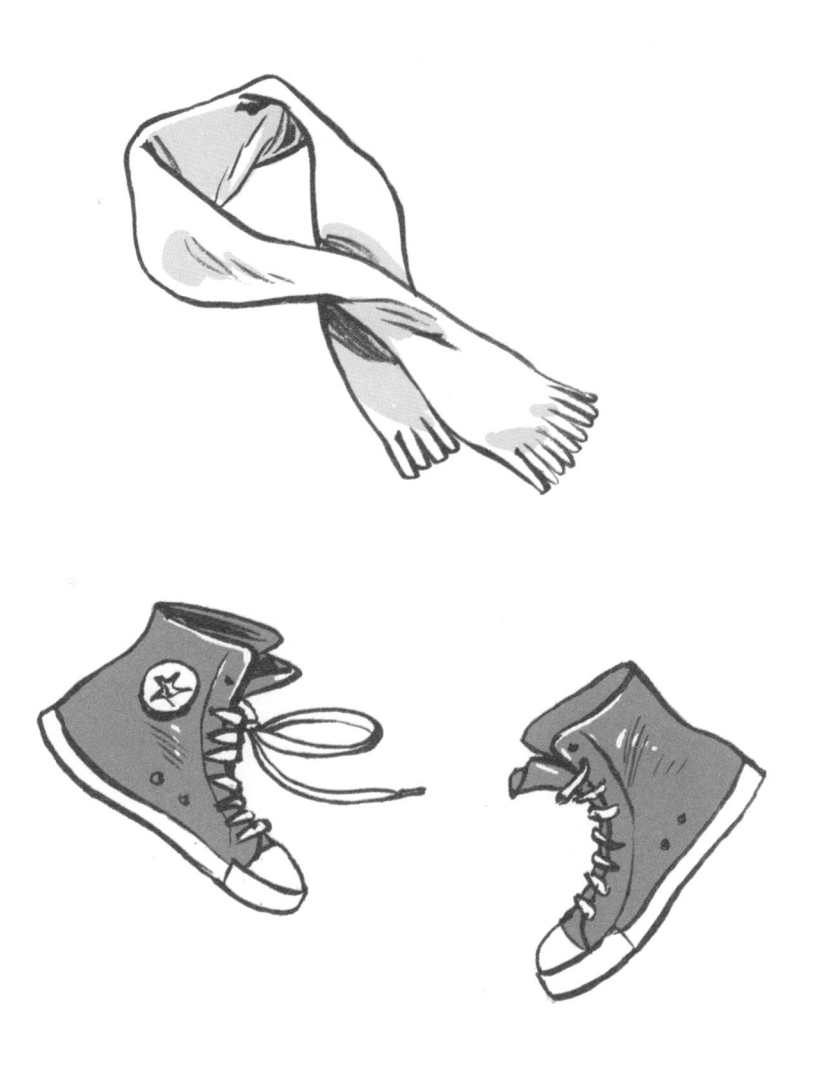

在温暖的地方穿得舒适

通常情况下，舒适这个词与温暖有关，但如果你已经在一个一直温润的地方了，而你又是一个想穿得舒适的哥布林，那你会怎么做呢？如果现在是盛夏，或者你生活在热带，你可能不想为了舒适而把自己穿得暖暖和和的。幸运的是，哥布林们知道，舒适更多是指穿着衣服的感觉，而不只是毛茸茸的毯子和厚厚的毛衣。这里有一些方法，可以让生活在温暖地方的哥布林也能穿得舒适。

- 舒适意味着舒服。获得舒适的第一步是让自己觉得舒服，这意味着穿上让你觉得不错的衣服。想想你的衣服穿在身上的感觉。也许牛仔短裤很不错，它能让你保持凉爽，但当你穿上它时，你总是觉得被挤着和压着。下次购物时，试着寻找些有弹性的短裤或裙子（你甚至可以自己做一些！）。给自己一点空间，思考一下什么是真正适合你身体的衣服，然后去寻找这些类型的衣服。

- 寻找面料。像亚麻、棉和丝绸这样的面料很适合温暖的天气，因为它们的透气性很好，可以做到薄而结实。此外，它们还很柔软，穿起来感觉很舒服。当然，你的衣柜设计不可能总是围绕某些特定的面料来展开，但如果你牢记哪些面料穿在身上感觉最好，而且最适合你所在地区的气候，那在未来你就可以优先选择它们。

- 🍄 **一双好鞋，无远弗届。** 无论气候如何，拥有合适的鞋子是很重要的，但在阳光充足的地方，你可能就要穿凉鞋或经常赤脚，所以重要的是要记住一双好鞋能给你的生活带来什么变化。找到一双既不会太热又能提供适当支撑的鞋子可能确实很困难。就算你买不起花里胡哨的鞋子，你依然可以确保你买的鞋子适合你，穿在脚上很舒服。找到一双好鞋垫是一个便宜却有效的方法，它可以让你的鞋子穿起来感觉更好。

- 🍄 **保护你的皮肤。** 虽然这和衣服没有直接关系，但如果你住在阳光充足的地方，不要忘记涂抹防晒霜！那一抹防晒霜，在任何温暖的天气里都是完美的哥布林配饰。

> 如果你对普通的防晒霜过敏，可以选择植物性的防晒霜！它比锌成分更安全，也能完全地吸收进你的皮肤。

第六章 哥布林的服饰

配饰是哥布林最好的朋友

如果你喜欢杂乱无章的东西，那你一定会喜欢各种各样的配饰；它们真的是有趣的杂物，你可以带着它们去所有地方。把你最喜欢的小宝贝戴在脖子上或别在衣襟上，那种感觉就像你走到哪里都带着一片家，就像你从来都没有离开你的家一样。

配饰是向世界展示你是谁、你喜欢什么的好东西。珠宝首饰、别针、补丁、发带、腰带——所有这些都可以从你的穿搭中窥见一些你的个性。当然，哥布林远不止他们所穿的衣服，但当你的服装至少可以反映你的某些部分时，这感觉很不错。

配饰也可以让你在新的环境中体验存在感，或者在陌生的环境中感到舒适。首饰、围巾和小饰品可以给人带来惊人的轻松感，即使它们很小。或许你有一个手镯，上面有自制的挂件，让你想起你的每一个朋友；或者你有一个祖传戒指，非常

适合拿来摆弄。如果你开始感到焦虑，像这样的配件可以让你感觉好一些，或者在你感到浮躁的时候让你冷静下来。这里有一些有趣（而且容易）的配饰的制作方法，无论你走到哪里，都可以把你喜欢的小杂物带在身边。

- **在配饰里放一根别针。** 有了安全别针和热熔胶枪，你可以用任何东西来做胸针。瓶盖、塑料眼睛、鹅卵石、扭蛋机的奖品——用热熔胶把安全别针粘在任何小物件的背面，你就有了一个小小的、有意义的胸针。

- **只需要加上一条项链。** 你知道吗，你可以把任何东西串在链子或绳子上，然后你就有一条很酷的新项链可以戴了。无论你是在旧货店找到的一把旧的骷髅钥匙，还是在河边偶然发现一块哈格石（hag stone）1，或者你有一枚不再适合你手指的旧戒指，你都可以把它们挂在项链的绳链上。嗒哒！它瞬间就成了项链。

- **鲜花？用于配饰？** 非常有创意。人们通常只会在舞会、婚礼和其他华丽的场合佩戴鲜花，但为什么不每天都戴呢？在你的头发上编一些三叶草，在你的工作服口袋里装上薰衣草，或者在你的手提包里装上一束野花。没有比鲜花更好的配饰了。如果目前不是有鲜花的季节，绢花或纸花也可以做到这一点哦！

---

1 哈格石大都由燧石形成，其上具有天然形成的孔洞，在欧洲一些地区的民间传说中常与魔法相联系。——译者注

- 当作补丁补起来。制作属于你自己的补丁非常简单，而且通常也非常可持续！只要用你身边多余的碎布条，或者把你不喜欢的衣服剪掉，然后用这些布条来做你自己的补丁。你可以把这些碎布剪成有趣的形状，或者用布料记号笔在上面画画。你甚至可以把一个土豆切成两半，让它变干，然后在上面刻上图案，做成你自己的土豆印章，这样你就可以在很多布条上印上同样的图案。现在你和你的朋友就都有了可爱的、可持续的、相配的补丁啦！

第六章 哥布林的服饰

制作标本项链

  自制配饰是哥布林的主要配饰,而标本项链是最能体现哥布林特色的自制配饰。通过制作标本项链,开始建立你的哥布林配饰收藏馆吧!

你需要的东西

* 任何你想放在瓶子里的东西:苔藓、泥土、鹅卵石、死掉的虫子、花瓣、水晶、闪粉……

* 一个带软木塞的小玻璃罐子。

* 细铁丝(18号或更大号)。

* 尖嘴钳或者镊子。(如果你的瓶子特别小,你可以用牙签代替。)

* 透明胶水。

* 项链链子、细线或者绳子。

* 一个弹簧或钥匙环(非必须)。

要做的事

1. 首先，选择你想放在罐子里的东西。闪粉、苔藓、泥土、石头——由你自己决定！

2. 将金属丝的一端穿过软木塞的中心。弯曲瓶塞底部的金属丝，使其可以固定在软木塞中，并在瓶塞顶部将金属丝转一个小圈，使其成为一个小孔，你可以将项链穿过这个小孔，修剪多余的金属丝。

3. 用钳子把你选好的物品装进瓶子里。不要为是否将物品摆放完美而感到担心，因为在一个只有你小拇指大小的罐子里，几乎不可能完美地摆放东西。记住，装在罐子里的东西通常都是有点乱的！因为没有人会仔细摆放果酱的。

4. 在软木塞下半部分的外部涂上胶水。确保将软木塞接触瓶口的所有地方都涂上胶水，这样瓶塞就可以正常固定啦。然后将塞子插入玻璃瓶的瓶口。

5. 等胶水一干，就把你的项链链子穿过塞子的小孔。（你也可以在孔眼上加一个弹簧或钥匙环，然后将项链链子穿过去。）

6. 你已经完成啦！你现在拥有了一个美丽的哥布林饰品，它非常适合随身携带你那些最迷你的宝物。

关于节俭的小提示

寻找衣服可能让你沮丧，你发现很难找到做工精良但价格合理的衣服，或者合身且适合各种环境的衣服。旧货店可以为这些问题提供帮助——尤其是为你提供实惠的价格。当你践行节俭时，你实际上是在为环境做一件伟大的事情。时尚行业产生了大量的废品，所以选择购买已经被穿过和已经被爱过的衣服是抵消这些废品的好方法。当你从旧货店购买衣服或捐赠衣服给旧货店时，你赋予了衣服新的生命。你从旧货店买来的衣服最终会出现在你的衣橱里，而不是被当作垃圾填埋。虽然这是循环利用，但可以使循环利用成为时尚。

旧货店不仅超级可持续，而且还充满了又好又便宜的衣服。因为旧货店里的东西都是以前穿过的（往往是很多很多次），所以这些衣服很可能是耐用的。因为任何人都可以捐赠衣服给旧货店，你也会得到超级多的款式（当然也有超级多的尺码）。很明显，旧货店不会每次都有你想要的东西，但如果你放宽你的期望值并保持开放包容的心态，你会对你的发现感到十分惊喜。你越善于节俭，你就越有可能找到你喜欢的东西。这里有一些提示，可以提高你的节俭生活体验。

在买衣服之前先卖掉或捐赠衣服。在你去商店之前，快速清理一下你的衣橱，拿出一些你平时不常穿的单品。把这些单品带到旧货店去卖掉或捐赠掉，你衣柜里的东西会少一点，也许还会有一点额外的钱，这样你就可以开始你的旧货之旅了。一些旧货店也会为你的捐赠送你一些优惠券，所以没有理由不试试这个方法！

在你去之前为自己设定目标。旧货店是那种很容易把你吸进去几个小时的地方，而且尽管大多数东西都很便宜，但你还是可能在逛了四个小时后带着价值一百美元的彩色玻璃或陶瓷相框离开。有时候，在旧货店浪费一天时间是很有趣的，但如果你有别的任务的话，在你离家之前提前设定一些目标是很有用的。你可以为自己设定一个预算，列一个你需要的衣服的清单，每次去商店只限于几个区域，或者设置一个计时器，让你只能在商店里待一个小时。无论你的大脑对哪种类型的限制反应最好，你都应该试试那个方法。

穿那些适合去旧货店的服装。并非所有的旧货店都有更衣室，所以你最好穿上可以让你轻松穿上其他衣服的衣服。穿上紧身裤或自行车短裤，搭配贴身的衬衫，这样无论旧货店是否有更衣室，你都能在看到喜欢的衣服时，立刻更容易地试穿。

> 如果要在试穿前检查一条裤子是否合身，你可以拿着裤子，一边裤缝对着你的肚脐，另一边贴着你的身体延伸到背部。如果一边裤缝可以碰到你的肚脐，另一边的裤缝可以碰到你的脊柱，那么这条裤子应该是合适的！这招也适用于半身裙和连衣裙。

检查你找到的衣服的质量和状态。当你找到你喜欢的衣物时，花点时间检查是否有任何污渍、孔洞、破损的地方，或是其他任何影响衣服质量的瑕疵。把衣服翻过来，检查是否有磨损，摸一摸布料，看看是否太粗糙或者起球（衣服起的球是随着时间的推移，在织物上堆积起来的线头和绒毛小团块）。另外，花点时间看一下标签。检查标签可以让你了解面料、品牌和衣服的生产地，这都是很好的信息。所有的小哥布林都知道，旧货店经常以低价出售好东西。检查标签可以确保你买到的衣服可以穿很长时间，此外还能保证你找到一些不错的宝物。

　　花点时间来检查你挑选的衣服。我们很容易过度购物，尤其在旧货店，你可以用几块钱买到一大堆衣服。每当你买了超过五件衣服，就暂停一下，看看它们。问自己面料是否真的像你想要的那样柔软，穿上是否感觉舒适。也可以想一想，你已经拥有的哪些衣服可以和你新挑选的衣服一起穿，或者你已经拥有的哪些衣服和新挑的衣服过于相似。你喜欢那件衣服是因为它是你的风格，还是因为它只要三块钱？你真的能想象自己穿着这双靴子的样子吗？花点时间再三思考你的购买行为，是确保你爱上你的衣橱的好方法。

> 如果可以的话，尽量把不需要的衣服放回去，不要给工作人员造成额外的麻烦。

顺时而动。践行节俭最好在工作日进行，而不是在周末。如果你是旧货店的狂热粉丝，你甚至可以考虑问问工作人员他们会在一周中的哪几天推出新商品，然后在那几天购物。在旧货店购买反季衣服也是一个好主意。这意味着在夏季购买冬季夹克，在寒冷的月份购买背心裙。当你要找的衣服不是当季衣服时，你更有可能达成一笔好买卖。与普通商店不同的是，普通商店往往根据季节轮换库存，而旧货店通常全年有所有季节的衣服。这对于那些喜欢提前考虑并找到好买卖的哥布林，或者那些冬天总是很热或夏天很冷的哥布林来说，都是非常棒的。

有了这些技巧，任何哥布林都应该能够自信地进入旧货店，并带着一些衣橱里的必备品离开。旧货店就像寻宝一样，尽管可能需要跑几趟才能找到你要找的东西，但一旦你找到你的宝藏，你就会很高兴你为此付出了时间。以低廉的价格买到舒适且做工精良的衣服是一种很好的感觉，而且这对你的钱包和环境都很有好处。每一个小哥布林都应该拥有贴合他们的舒适衣服。旧货店对于任何想要改善自己衣橱的人来说都是一个绝佳的地方。

享乐哥布林的节俭指南

听着,哥布林有各种类型。有些人想知道进出旧货店的最快方法,有些人则喜欢花一整天的时间在旧货店的每条过道上走来走去,每件衣服都看看,翻箱倒柜。如果你是那种想在节俭购物日中尽情享受的小哥布林,我们也有一些节俭的技巧给你。

- 清理你的日程安排。不要在只有一个小时空闲的日子里去逛旧货店,给自己一整天的时间来逛逛,看看每一件小东西。挤出专门的时间,让逛旧货店成为一种舒适的养生方式。即使你只想买一两件东西,也要给自己一些时间到处看看,这比绝望地寻找三十分钟感觉好很多。践行节俭可能会很困难,所以要给自己时间。

- 看看所有的东西。也许你是来找裤子的,你甚至不打算看一眼家庭用品区。为什么要限制自己?坐在所有的家具上,即使你不是在寻找家具。把男式T恤衫过道看两遍,看看舞会礼服,花时间看看玻璃制品。如果你在寻找宝藏,你很可能会在意想不到的地方找到一些。

🍄 **款待自己。**如果你有一些额外的钱，就把这些钱用于购买计划之外的东西。每当你去旧货店的时候，留出几十块，用于购买你进来时并不想要的东西。如果你找到了非常酷的东西，这些钱不仅给了你回旋的余地，还有助于防止过度消费。即使是小礼物，也是一种享受呀！

🍄 **打破常规。**如果你总是在女装区买衬衣，那就试着在一次旧货店旅途中看看男装衬衣（反正用性别区分衣服只是个骗局罢了）。如果你总是从毛衣区开始，那就试着先看一下西装裤。在一周的不同日子和不同时间去商店，这样可以帮你找到你最喜欢的时间。如果你通常不列购物清单，那就可以列一个清单试试，反之亦然。打破常规可以帮助你找出最适合你和你那特别的哥布林大脑的东西和方法。

🍄 **带上一个朋友。**有朋友在身边的话，一切都会变得更好，践行节俭也不例外。两双眼睛在商店里逛，更有可能发掘出伟大的哥布林宝藏，而且有一个人在一旁给你的潜在购物行为进行反馈，你就不必自己做所有的决策了。另外，和朋友们在一起的时间也是很好的！一起践行节俭是一种很好的方式，既可以腾出时间进行社交活动，又可以从你的待办事项清单上划掉一些项目。

组织哥布林服装交换活动

也许你和你的朋友有点缺钱,但却有很多不会再穿的衣服。如果你不喜欢旧货市场,或者因为各种原因没法去,那就和朋友们组织一次服装交换活动吧,把旧货市场带到你身边。衣服交换就像聚会一样,每个人都带来他们要捐赠的衣服,然后你们从彼此的衣橱里免费购物。你可以与一大群人或者只是几个朋友组织交换活动。这是一个好方法,可以让你找到新衣服,而哥布林们就是要寻找新的有趣宝物。

衣服交换对哥布林非常友好,原因有很多。首先,你可以聚集朋友打造一个社区。如果没有一个由哥布林组成的社区,那还算什么哥布林?当你可以成为整个哥布林大军的一部分,致力于传播好的哥布林话语时,为什么要做一个单枪匹马的哥布林呢?衣服交换也是超级可持续的。你不用买全新的衣服,而是买二手的,这对环境更加友好了。相比于一般的旧货店,服装交换更有可能充满美妙的宝藏和很酷的物品,因为你可以策划属于自己的客人名单,而且你可能对你的朋友喜欢穿什么有一定的了解。最重要的是,服装交换完全不需要花钱。这就是反资本主义的行动啊,宝贝!

衣服交换活动并不比一般的聚餐更难组织,但这里会有一些小提示,可以确保你的朋友在衣服交换活动中度过一段美好的时光(而且这肯定很快会成为一个美妙的活动)。

邀请各种各样的朋友。 如果你有一个朋友喜欢用钩针编织自己所有的衣服，而另一个朋友在过去十年里一直保持哥特风格，那么你会在服装交换中获得更多的乐趣并找到更多的宝藏。比起所有的朋友都有相同衣服品味，多元化会带来更多的乐趣。你也不希望看着朋友的衣服，连续五次或十次地想"我也有一样的衬衫"吧。想象一下如果邀请你的文艺青年朋友、颓废朋友和养生朋友，你会发现什么样的酷衣服、鞋子和配饰。这听起来就像是哥布林聚会一样。

像规划派对一样规划衣服交换活动。 为你的交换活动找点乐子吧！或许你所有的朋友都可以带些点心；或者你可以自己草拟邀请函，制作一份特别的歌单；抑或用纸质拉花和气球或者其他便宜又简单的装饰品来装饰你的空间。把你的交换举办得像一场特别的活动，让每个人都度过一段美好的时光。如果你的朋友能看出你为你的交换活动付出了多少努力，他们肯定会为他们所带来的东西付出更多努力。你投入什么就会得到什么，所以为什么不好好制定计划，与朋友们度过一个真正有趣的夜晚呢？

考虑包容性。 如果你邀请了五个尺码相同的朋友和一个尺码不同的朋友，那将是一件很扫兴的事。当然，一群朋友有各种各样的身材和尺码，所以没有人会完全适合其他人的衣服，但在你发送邀请之前，最好考虑一下你邀请的人和你要求他们带来的东西。如果你的朋友圈大概都是一个尺寸，只有一个人不是（似乎不太可能，但严格来说也并非完全不可能），你可以举办一个珠宝和配饰交换活动，以确保每个人都有参与感。作为一个好的哥布林，就意味着要为他人着想，尤其是要为你的朋友着想。

提前理清细节。为了确保每个人都能在你的哥布林服装交换活动中度过愉快的时光，尽量在细节上考虑周到和具体。不要告诉你的朋友们只要带他们准备扔掉的任何衣服就好，而要确保你让他们带来的衣服应该状态良好，而且（最好）是可爱的或有趣的。另外，一定要决定每个人应该带多少件衣服。如果一个人带了三十件衣服来，而另一个人带了两件，那交换活动的气氛就会变得很奇怪。告诉每个人带五件衣服来，或者带五到十件。选择一个看起来合理而且可实现的数字或者范围。

考虑主题。当然，你可以一直举办普通的服装交换活动。但是有主题的东西难道不是更好吗？你的主题可以是一个特定的服装单品，比如告诉客人只带裙子、帽子或带图案的T恤。你也可以选择一个主题，比如大地色系，或者亮晶晶，甚至是哥布林核的，看看你的朋友们在他们的衣柜里遗忘了什么样的衣服，它们即将成为你的新衣服。当然，找到符合特定主题的衣服有时是很困难的，所以如果你要走这条路，最好坚持用那些比较模糊的主题词，或者让你的客人可以用自己的方式来解读关键词。你也可以对客人要带的衣服数量设定一个最低数字，或者和朋友们商量一个主题，找到适合所有人的东西。记住，哥布林们喜欢社区，喜欢一起工作。

修修补补再升级

如果你特别想升级你的衣服，提高可持续性，并突出个人风格的话，你会喜欢学习打补丁、修补和升级再造的。这些技能将使你的衣服寿命更长、更合身，甚至可能看起来更可爱！当你的衣服磨损时，如果你能够对其进行修补，不仅可以让你留着并且继续穿那些你可能已经准备丢掉的好衣服，还可以为你的衣服增添一些个人魅力。

在夹克上缝一个补丁，或在衬衫上重新装上一个纽扣，甚至修补一个小洞，所需的技术含量都相对较低。即使是从来没有拿过缝纫针的人，只要稍加练习就能掌握基本的缝纫技术。但是，尽管这些基础知识非常……基础，它们仍然可以给你的生活带来很大的变化。掌握像缝纫和修补这样的技能将使你拥有一个更加可持续的衣橱。它也会使你的生活更轻松：如果你最喜欢的夹克掉了一颗纽扣，你不必担心你应该找谁把它缝回去，也不必担心你是否应该把纽扣留下，或者你是否应该把这件夹克送人，等等。相反，你可以自信地掏出你自己的针和线，在短短几分钟内把纽扣重新缝回去。想一想，通过这两个简单的工具，你能节省多少时间、精力和心理能量。

缝补衣服也为定制和升级改造提供了很大的空间。也许你想在一件旧的牛仔夹克上打补丁，或者你想把一件开衫的棕色纽扣都换成绿色的，你的一些衣服也可以更合身。学习缝纫的基础知识可以让你对衣服发挥出更多的创意，并更熟悉你的个人风格到底是什么样子的。今天你只是在学习如何缝制袜子，但最终你可能会制作自己的衣服。但我们不要揠苗助长，我们应该从最基本的开始。

穿针引线

让我们从头开始吧，因为这本书是为各种技能水平的哥布林们准备的。在你开始缝制之前，你必须给针穿线，这并不复杂，但值得做一个简易教程。如果你在精细手工或是视力方面有困难，穿针器可能会有帮助，它能使任务更容易完成。穿针器在工艺品店或是大卖场很容易买到，它通常还会配有一包针。

1. 将线的一端拉过针眼。最好是在线还在线轴上的时候穿针，而不是剪下一段后再从剪下的一端穿过去，因为这样可以保持线的纹理方向正确。线是由纱线捻制而成的，逆着纹路穿线意味着你在逆着纱捻的方向，这会使针更难穿，也会使你的线更容易卡住。

> 很多人告诉你要舔舔线头，以便更容易地把它拉过针眼，但这实际上是个坏建议！舔线会使它在干燥后膨胀，这样在你缝纫时它会变得更脆弱，而且会夹住其他线。相反，把线斜着剪出一个小角度，然后给自己一个点来穿线。

2. 拉出来2.5倍于你认为需要的长度的线。把针沿着线拉到剪下的一端和线轴之间的一半。

3. 把线的两端打上一个单结：将线的末端与线轴对齐，这样你可以一只手拿着线环，另一只手拿着线的末端和线轴。将线环向另一只手弯曲，这样两根平行的线就会形成一个新的线环。将你原来的线环穿过新的线环并拉紧，以便打结。

4. 你刚刚穿上了一根针，祝贺你！

缝扣子

缝扣子是一项简单但非常有用的缝纫技能，这对新手来说是一个很好的出发点。大多数商店里买的衣服都会附带额外的纽扣，如果你是那种会对此感到紧张的人，那这个教程就是为你准备的。我们将学习如何缝双孔纽扣，掌握了这个方法，你基本上就能缝所有的纽扣。

1. 选择纽扣和线的颜色。如果你想让纽扣和线与你衣服上已有的东西相配，那就试试吧。如果你丢了一个黑色的小纽扣，想用一个绿色的大纽扣来代替它，那就放手去做。

2. 给针穿线，但为了使线更粗、更牢固，在穿针之前把线对折。你可能需要一个稍大一点的针眼来做到这一点。

把线的两头都穿过针眼，然后把针拉到线的一半处。把线折起来，然后把折起来的两端互相绑住。这样就形成了四倍粗的线，它可以帮助你的纽扣更结实地待在衣服上面。

3. 找到衣服上纽扣原来所在的位置。将你的针从衣服的内侧垂直地戳到外侧，然后拉动针头，直到线尾的结碰到布料。

4. 将针穿过纽扣上的一个孔。将纽扣固定在衣服上你希望的位置上，然后将针穿过纽扣的另一个孔，并穿过衣服的布料。一定要把线拉紧。

5. 继续将针向上穿过布料和第一个纽扣孔，然后向下穿过第二个纽扣孔和布料。重复这个过程大约三次，或者直到你觉得纽扣很结实了为止。

6. 稍微把纽扣松开，让它稍稍脱离布料。将你的针穿过布料的背面来到正面，来到布料和纽扣之间（不要将针穿过纽扣孔）。将你的线绕在针脚上大约十次，形成一个线柄。这可以使你的纽扣不至于因为太紧而无法轻松地嵌入纽扣孔。

7. 最后一次将你的针向下穿过布料。在线上打一个结。确保打结的地方尽可能地靠近布料，而不是在线的末端。在靠近你刚才打的结的地方剪断线，一粒扣子就缝好啦！

简单的挽边

挽边是使衣服变短的一种简单方法。例如，如果你的裙子落在膝盖下方而不是上方，你就可以通过挽边使裙子下摆调整到你想要的位置。挽边是个好方法，因为它可以让你调整衣服的合身度，或是稍微改变一下风格。它很简单，而且可以帮助你迅速把你喜欢的衣服变成你爱的衣服，从而使你有更多的衣服可以轮换着穿。本教程只是介绍些挽边的基础知识，但如果你想更深入地了解，在缝纫书上或是网上找到更深入的指南也是很容易的。另外，为了简单起见，本教程将介绍半身裙或连衣裙的挽边方法，尽管这种方法也可以很容易地应用于长裤或宽松的衬衫。（你可以简单地把长裤想象成两条半身裙。）

1. 在镜子前试穿半身裙或连衣裙，这样你就可以知道你想让裙子长到什么程度。把大头针钉到你想要的裙子长度的位置上。确保你的针脚与下摆垂直。这一步不要急于求成——要真的要花点时间找到一个最适合你的长度。

2. 脱下裙子，继续在你想要的长度的位置，给裙子的圆周一圈钉上大头针，而且要把

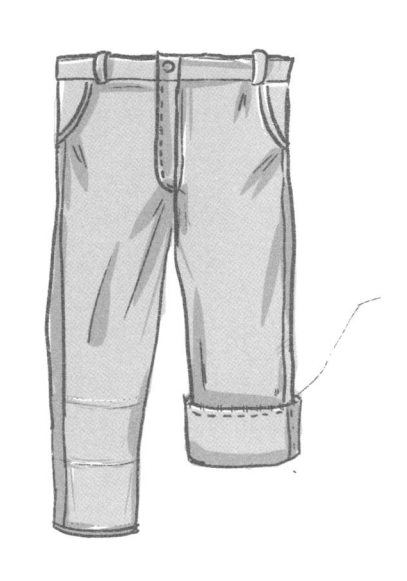

多余的布料折到衣服的里面。你可以把衣服穿回去，检查是否平整，或者量一量你钉的多余布料的长度，或者如果你的衣柜有另一条有你想要的长度的裙子的话，和它做一下比较。大头针通常每隔15厘米插一根，但你可以根据需要想用多少用多少。有很多方法可以让你得到正确的长度，并确保你的下摆匀称，而且你真的会希望下摆是匀称的。你的下摆越匀称，你的成品看起来就会越整齐。

3. 把大头针留在裙子上，在你创造的挽边周围熨烫一下以便留下折痕，这样你就能在布料上找到你想要的挽边。如果你使用的是带塑料头的大头针，请注意不要熨烫塑料头！它们会融化并且损坏你的衣服。

4. 如果你要大大地缩短你的裙子，你就必须修剪多余的布料。在折痕下方约4～5厘米处做个标记，然后剪掉多余的布料。当然，你可以直接把你的衣服剪到你想要的长度，然后就这样穿，但挽边可以确保你的衣服能穿得更久，因为它使布料更结实，更耐磨损，更不容易开线。

5. 给你的针（你可以用前文提到的任何一种方法）穿上大约半米的线，最好是与你的衣服颜色相匹配的线。你可以用很多不同的针法来做挽边，但我们将使用直缝法，因为它相当简单。

6. 将你的针从衣服内侧插出来，直接穿过两层织物，位置在折痕上方约0.5~1厘米处。将针向右移动0.5厘米，从外面直接插入衣服，再次戳穿两层布料。重复这个过程，直到你的针脚绕过衣服一周。为了使缝制更加整洁，一定要确保针脚的长度和到下摆的距离一直保持一致。

7. 当你把裙子全部缝完，只要把线系上，你就完成啦！如果你不想缝制一个全新的挽边的话，这个过程也可以用来修理需要缝补的卷边。当然，你可以用很多种不同的针法来做这个，而且其中有些针法更不显眼。试一试，看看你最能理解哪种方法！

缝补丁

知道如何在你的衣服上缝一个补丁是一项伟大的哥布林技能，无论你是在你最喜欢的牛仔裤上撕了一个洞，还是只是想用一些个人风格来装饰一件夹克或手提包。补丁可以让你的衣服即使有一些洞，也可以依旧保持性能，而且补丁还可以让你在缝补工作中加入一丝个人风格。此外，缝补丁真的很容易，而且补丁很容易获得。无论是旧货店还是你不再穿的衣服，永远能找到更便宜的补丁。（用你不再穿的衣服碎片制作补丁是一个既省钱又环保的好方法，试试在把它们缝上衣服之前用布彩颜料给它们染色！）

1. 选好一块补丁，想想你想把它缝在哪里。如果你缝补丁纯粹是为了装饰，那就慢慢挑选一个你认为可以让补丁看起来最好看的地方。如果你是为了补衣服而缝补丁，那就要确保补丁的尺寸合适、位置正确，以完全覆盖出问题的地方。

2. 一旦你选择好了一个位置，就用一小块双面胶或几个大头针在你缝制时将补丁固定住。

> 如果你有一个可以用熨烫的方法粘在衣服上的补丁，你还是会想把它缝到你的衣服上的。在你缝制时，可以随意熨烫以保持补丁的位置，但把补丁缝上去可以让它更不容易脱落。

3. 把线穿上针。

4. 将针从衣服的内侧穿过补丁的边缘向外拉。拽着线，直到线尾打的结紧紧地贴住衣服。

5. 将针重新穿过衣服。这一次，你不需要穿过补丁，但还是要让针尽可能地靠近它，以保持针脚是小小的。

6. 将针移开半厘米，再向上穿过衣服和补丁的边缘，然后再向下穿过衣服。重复这个过程，直到整个补丁被缝好。

7. 完成后在线上打一个结，把所有的东西都固定住，就大功告成啦！

更多关于升级改造的想法

这些缝纫技巧和教程可以让你开始改造旧衣服,但是一个有创造力的小哥布林当然可以用旧衣服和一些简单的工艺材料做很多事情。升级改造是一种有趣的方式,可以在不用花钱填满衣柜的情况下,让你的衣服更新、更有个性。哥布林生活使你重新思考面前已有的东西,各种技能水平的哥布林都可以在这些想法中找到一个绝妙的项目来实施。

对于注重细节的小哥布林:试试刺绣。刺绣是一种美丽又划算的方式,可以为任何一件衣服增添一些魅力。你可以绣一些简单的东西,比如一小簇爱心或者花朵,一位有更丰富的经验的绣工则用美丽的螺纹设计铺满一件衬衫。对于喜欢从小东西中发现宏大美感的哥布林来说,刺绣是一项绝妙的技能。

对于那些能在混乱中发现美的哥布林:试试更显眼的修补方法。这是一种技术,你可以选择将人们的注意力吸引到衣服破洞或者有污渍的地方。选择与你的衣服颜色不同的线,在你要修补的地方画一个简单的形状,比如心形或叶子。用长长的垂直针线覆盖形状,然后把针转90度,再织满图案。现在你拥有了一个可爱的标志,提醒着你衣服的过去和你自己的针线技能。

对于不愿意犯错误的小哥布林们：试试画画。使用布彩颜料是一种有趣又简单的方式来升级焕新你的衣服，而且可以添加有趣的色彩。给你所有的牛仔裤的后兜上色，装饰你自己的手提袋，或者为你所有的哥布林朋友制作T恤。如果你在画画时犯了错误，你可以直接再画一层（而且每个哥布林都知道，反正真的没有"犯错误"这种事）。无论你喜欢小的细节还是大的图形，在衣服上画画是每个哥布林表达自己的好方法，这样使他们的衣服有趣而且个性化。

　　对于喜欢改变形状的哥布林们：尝试改变用途。如果你有一件真的不能要了的衣服，考虑一下它还可以用来做什么。一件被虫蛀的旧衣服可能不能再作为衣服来穿了，但它可以被剪开，做成厨房毛巾或者清洁布。一条破洞太多的牛仔裤可以剪下来，用来修补其他衣服。一件有污渍的T恤，只要略微加工一下就可以变成一个包。或者你可以把旧裙子上的花边扯下来，用于新的缝纫项目。当你看到一件寿命已经到头的衣服时，发挥创意，想想它可能有什么其他用途。我们生活在一个一次性使用的社会，但我们拥有的大多数东西实际上都可以被重新使用。与资本主义思维模式作斗争，重新想象一下回收利用的意义。

对于那些清楚地知道自己想要什么的哥布林：尝试改造衣服。如果你有一件太长的衣服或一件太宽松的衬衫，拿出你的针和线（或缝纫机），把你的衣服改造成恰好是你想要的样子。仅仅是改变一件衣服的下摆或者领口就能使它有全新的感觉，这很令人吃惊。与其花钱投资一整个衣柜的新衣服，不如试试把你不穿的衬衫的边收进去或者放出来。改造衣服需要更多的缝纫技巧，但对于喜欢缝纫的哥布林，或是正在学习缝纫技术但还没有足够经验自己做衣服的哥布林来说，这是一个绝妙的项目。

对于喜欢纽扣的小哥布林：试试纽扣吧！考虑一下把这当成你给衣服疯狂加纽扣的许可吧。用纽扣铺满一件毛衣，在开衫的每个扣眼上使用不同的纽扣，把风格独特的纽扣放在古板的工作衬衫上。纽扣越多越好，越有趣越好。如果你喜欢纽扣，为什么不欣然接受它呢？另外，难道我们不都是喜欢纽扣的吗？一个有更多纽扣的世界是一个更棒的世界。谢谢你们的付出，喜欢纽扣的哥布林们。

对于那些喜欢把自己的艺术趣味展现出来的哥布林：试着制作属于你自己的补丁。这可以很简单，你可以把一件五颜六色的旧衣服剪成碎片，然后用这些碎片来修补你的衣服，你也可以做得更多一些，用永久性记号笔或印章在一些布料碎片上进行你的创作，然后用这些碎片来修补衣服。这是一种将自己的艺术作品穿在身上的好方法，就像很酷的布料纹身。你甚至可以为你的朋友制作补丁，这样每个人都可以炫耀哥布林的骄傲。

培养与衣服的良好关系是一生的工作，但希望现在你有一些工具，可以让你开始你的旅程。没有人是由他们的衣服来定义的，但如果你可以在穿衣服时找到自我，那肯定令人愉快。与其优先考虑别人对你的衣服的感受，不如想想你的衣服是如何为你服务的，不同的衣服能为你提供什么，以及每天如何最好地展示你美妙而独特的风格。花时间在你的衣服上就是花时间在你自己身上——你值得花很多时间在自己身上！

针刺毛毡蘑菇补丁

既然你已经是缝补衣服的专家了,为什么不给自己找点乐子呢?按照这个教程,学习如何使用专门的针和松散的粗纱,以安全又可爱的方式修补羊毛衫(或任何羊毛衣物)上的洞。这个教程结合了哥布林们喜欢的两件事:蘑菇和自给自足。

你需要的东西

* 两种颜色的羊毛,一种用于制作蘑菇盖,一种用于制作斑点。

* 一块制毡海绵、一块柔软的泡沫,或者一块覆盖着一片毛毡的普通海绵。

* 毛毡针。(这种针和缝衣服用的针不一样,因为它们的末端有倒钩,可以使羊毛变成毛毡)。

要做的事

1. 挑选你想用来做蘑菇盖的羊毛的颜色。

2. 从你选择的那个颜色的羊毛中抽出一大块，大约是羊毛衫破洞的两倍大，然后把它卷成一个松散的球，再把它放在你的毛衣外面的洞上。将泡沫放在毛衣的另一侧，也就是内侧的孔上。

3. 用针反复刺入羊毛，直到你感觉到羊毛的质地变得坚实，并且确信羊毛已经很好地附着在毛衣上。如果你需要的话，可以加更多的羊毛。为了让它保持圆润，在你戳的时候，用针轻轻地绕着羊毛戳，以便塑造羊毛的形状，并把所有松散的羊毛戳进去。

4. 取第二种颜色的羊毛，撕下一些小块，大约是你想要的蘑菇斑点的两倍大小。把每一块都团成一个松散的球。

5. 一次一个地，把斑点放在蘑菇盖上，用针把它们戳进去，用与戳蘑菇盖相同的方法将它们戳圆。

6. 一旦你感觉这些斑点已经牢牢地贴在蘑菇盖上了，就大功告成啦！现在你已经有了一点额外的哥布林魅力了。

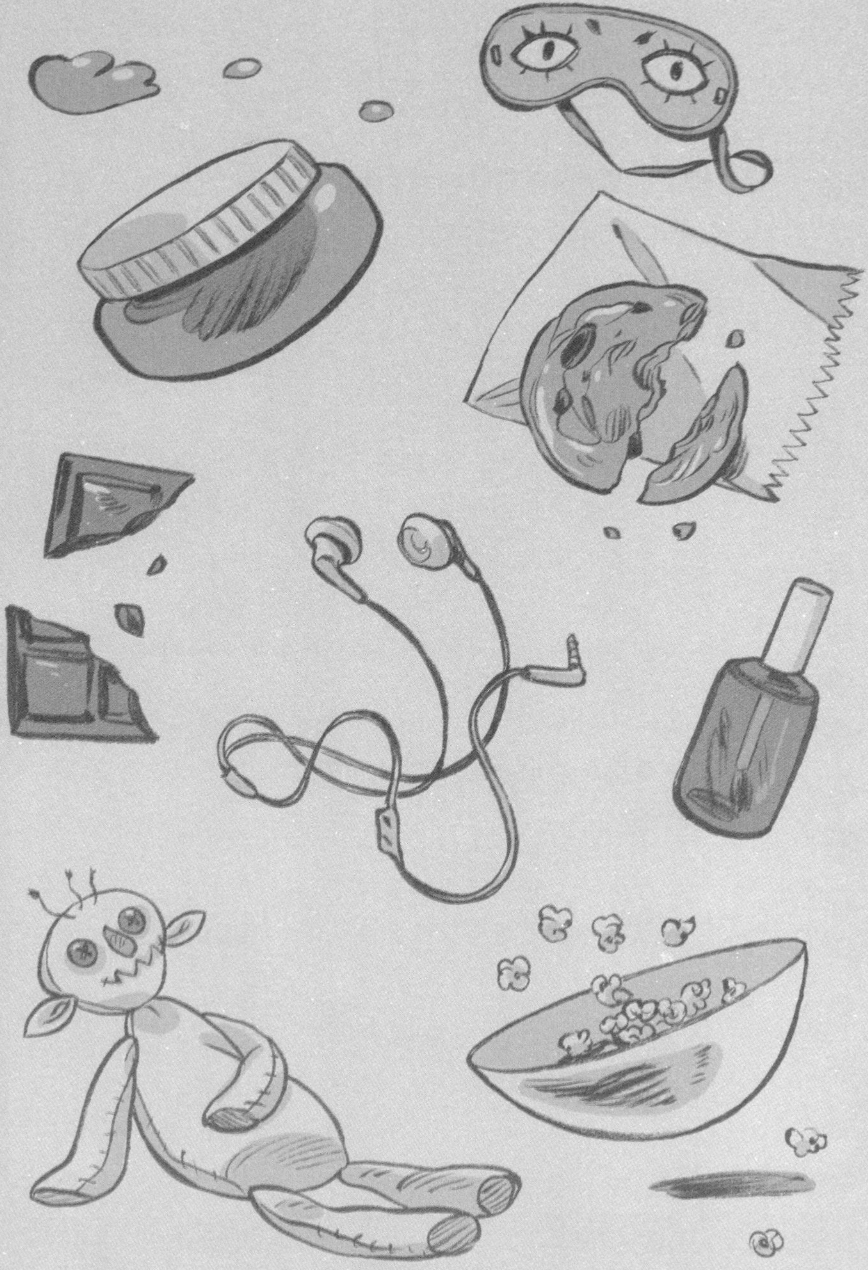

第七章

泥浆浴

照顾自己不需要
追求完美

众所周知，美容和健康产业并不完全站在你这边。这些行业并不专注于接受和护理你的身体，而是更坚定地要"改善"你，让你总是为一个遥不可及的美丽目标而奋斗。如果你已经厌倦了把自己的身体当作一种需要消费的产品或需要达到的目标，那么哥布林原则可以帮助你。作为一个小哥布林，就是要摆脱资本主义的魔爪（在任何人都能做到的范围内），包括反击美容/健康产业综合体，重新思考自我护理对你的意义。

哥布林们关心自己，因为这样感觉很好，而且他们值得关心自己。哥布林们以真正有利于他们自己心理健康的方式照顾自己。哥布林照顾自己的方式很奇怪，有时还有点恶心，但谁在乎呢！哥布林的自我护理不是表演给别人看的，而是一种赞美他们自己身心的私人仪式。哥布林的自我护理不是为了购买特殊的产品，也不是为了继续磨练而暂时战胜倦怠。这是创造一种积极的习惯，用来提醒自己你很重要，你值得休息，你的价值远远超出你的生产力。开始为小哥布林的自我护理腾出时间吧，看看你对自己的看法会有什么变化。

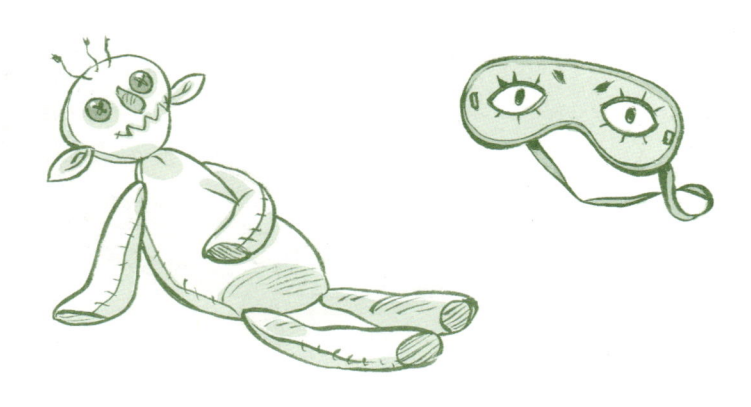

哥布林自我护理的另一个重要部分就是摆脱对完美的追求。与其试图修复你自己或者你的身体，不如开始接受你身上那些不同的、不完美的或被忽视的东西。这不是一夜之间就能发生的改变。身体形象和心理健康是可以持续一生的斗争。没有人期待着你明天醒来时，内心充满完美的自我接受和自爱。但是，定期练习自我护理的小习惯可以让你对自己的感觉随着时间的推移而有所改变。也许有一天你会意识到，你身上那些不完全符合美丽的标准的部分——那些奇怪的、不舒服的、"丑陋"的部分本身就是有价值的。

哥布林水疗日

当你想到自我护理时，可能会联想到闪闪发光的洗面奶瓶子、昂贵的保湿霜、穿着白色浴袍的眼睛上贴着黄瓜片的女人，以及闪闪发光的发廊。也许你很喜欢这些画面，但也许它们对你来说从来都是不真实的，也是遥不可及的。如果你想满足一下自我护理的需求，但你总是对自我护理的产业综合体感到不确定的话，你不是一个人。在数以百计的流行护肤品和数以千计的所谓必需品中挑选出可以护理好自己的东西，可能真的会让人不知所措。幸运的是，哥布林的自我护理与资本主义的健康理念无关，也不以使自己看起来更好为核心。哥布林的水疗日都是关于自爱：自我检查，花时间与自己相处，以及更好的自我感受。

腾出时间来放松和照顾自己非常有助于你改善情绪,它可以很好地提醒你,你是值得被关心的!你不需要购买花哨的新产品,也不需要专注于改善外表——你可以简单地给一点自己时间与自己相处,检查你的身体,然后牢记你值得更好的自我感受。无论你是花几分钟还是花一整天的时间沉浸在身体的自我护理中,你都肯定会感觉更好的。这里有一些提示,可以让你在尊重自己是哥布林的同时,也可以宠爱自己。

拥抱自制的东西。自己制作面膜、身体磨砂膏和舒缓的沐浴成分,让你的自我时间更加个性化。面膜可以用蛋清、咖啡渣、芦荟、蜂蜜等制成。身体和嘴唇磨砂膏很简单,可以用一点糖和蜂蜜制作。把一些燕麦片、小苏打或泻盐倒入浴缸,再加上几滴薰衣草油。最重要的是要把经典的黄瓜片敷在眼睛上,这样你就可以得到一个放松的自制水疗日啦。

在护肤方面变得奇怪一点。可以用你想用的怪异方式洗脸。使用哥布林护肤的方法之一,就是留意那些含有蜗牛黏液的面部产品——是的,蜗牛黏液。蜗牛黏液作为一种保湿剂效果很好,据说它能使皮肤更加水润丰满。如果你的皮肤对蜗牛黏液反应不好,或者你需要效果更明显的保湿,你总是可以试试"软烂敷脸法"。软烂敷脸法应该对干性皮肤很有帮助,它既简单但又有点恶心(非常适合哥布林)。要软烂敷脸的话,只需每晚洗脸后在脸上涂一层凡士林。你可能不得不睡在毛巾上,但早上你的皮肤应该会非常光亮。如果你想要一个更简单的哥布林护肤技巧，可以试试在长痘痘时使用痘痘贴。痘痘贴就像它们的名字那样——是可爱的小贴纸，里面含有祛痘凝胶。这些贴纸有各种形状和颜色，和用有趣漂亮的东西贴在脸上祛痘相比，还有什么方法比这更哥布林的吗？

自己制作化妆品。不应该有人觉得自己需要化妆，但如果你认为改变自己的造型很有趣，那么有很多天然的方法可以做到。用甜菜汁作为嘴唇和脸颊的染色剂；把椰子油和可可粉混在一起，制作自己的眉粉；把米粉和姜黄或藏红花结合在一起，将会创造出一个明亮、有趣的眼影；把一碗蓝莓压碎，用果汁把头发染成薰衣草色。大量的天然成分都可以用来进行有趣的哥布林改造。

想想可持续发展。美容行业创造了大量的废物，所以你的身体自我护理流程是一个开始思考可持续发展的好地方。如果有一些美容产品你宁愿购买也不愿意自己制造，那么在购买这些产品时要考虑周到。寻找有机指甲油，因为普通指甲油含有很多对环境有害的化学物质。花一些时间研究环保的品牌和产品。寻找用竹子而不是塑料制成的化妆刷。以可持续的方式思考也可以省钱。与其购买一次性使用的棉球，不如找一些可以剪开，可以在清洗后重复使用的洗脸巾。当然，制作自己的产品总是比买来的东西更有利于保护环境的。

沉溺的好处

你有没有注意到，"沉溺"这个词可以用来形容躺在泥泞中，对某件事情感到高兴，或是深陷于自己的感情中呢？形容心情不好，或者形容你在生命中最放纵的床上，也都是使用同一个动词。这个词的词义就是，像猪一样在水坑里打滚。也许有一种方法，可以把我们从享受或肮脏中得到的快乐，同样地带到我们忧郁的感觉中去。如果，我们不让困难的感觉压倒我们，而是试着深深地陷入它那黏稠的沼泽深处，让自己通过感觉糟糕而感觉良好呢？

让我们通常压抑的情绪浮出水面，而不对它们进行评判，也不试图遏制它们，这样可以起到宣泄的作用。你不需要让这些感觉占据你的生活，但能够认识和接受它们，而不是把它们压抑回去，是一个值得练习的技能。在泥地里打滚是快乐的行为，它可以让我们接受生活中泥泞的部份——在你的情绪中打滚也是如此。用你在水坑里发现了蝌蚪一样的态度，温柔地对待你的痛苦，并准备好沉溺其中。

1. 沉溺的第一步是让自己舒适。没有人能在一个不舒服的环境中正确地沉溺。拿起毯子，穿上舒适的衣服，在你的床上或沙发上安顿下来，并把灯光调暗。花几分钟时间为自己创造一个舒适的空间，一个让你能舒服地坐上一段时间的空间。有时，当你情绪低落时，很难有精力来做这件事，但至少穿上睡衣是值得的。

2. 确保你有东西可以吃。沉溺的时候，空着肚子最容易让人放弃了。点个比萨，储存冷冻食品，或者让朋友带一些零食过来。不需要是顶级和复杂的食物，但你的身边需要有一些吃的。如果你太饿的话，就会更难保持控制力和洞察力。你想感受自己的情绪，而不是让它们压倒你。

3. 记住，生活可以等待。无论你需要一个晚上，一天，还是一个周末来沉溺，提醒自己，你值得拥有这段时间。有时什么都不做会让你觉得有压力，因为我们被规训得要有效率地度过每一分钟。但是，几乎任何你认为需要做的事情，无论是回复电子邮件、给别人发短信还是洗碗，都可以等上几天。（但要让你养的动物或人吃饱喝足，或者可以安排别人来做。）无论你有什么工作，当你沉溺结束的时候，它都会继续在那里等你，希望你能有更多的精力去面对它。

4. 不要担心卫生问题。你的家务可以等待，洗澡可以等待，一切非必要的事情都可以等待。沉溺并不是一种表演。这不是为了让你在感觉不好的时候看起来很好。这纯粹是为了你自己，如果你需要脏兮兮的，那就让积尘堆几天吧，这就是你需要做的。

5. **温柔地对待自己。** 这是沉溺中最重要部分，也是沉溺与普通抑郁症发作的区分。与其在沉溺的时候沉浸在自我憎恨和自我怀疑中，不如利用这些时间来审视自己的情绪。你为什么需要花这个时间来沉溺？在你开始沉溺后，你的情绪如何？在这段时间里，你有哪些想法或感觉？无论出现了什么情绪，都尽量不要因为有这些情绪而对自己生气，也不要把它们压抑回去。相反，允许自己去感受这些情绪，对容易和困难的情绪都给予关心和关注。有时这感觉很糟糕。对此要有心理准备。但温柔地对待自己，最终对你的帮助将远远超过它的伤害。你值得被关心和体贴地对待，即使不是在你感觉最好的时候。

6. 从沉溺中走出来。最终，你还是需要走出来的——这很无奈，但这是事实。然而，你不需要立刻走出来。慢慢地开始，洗个澡或者给朋友发个短信问候一下即可。如果你觉得雄心勃勃，也许可以给自己做一顿简单的饭。如果你要返回工作岗位，在你回去的第一天，比平时工作得慢一点。出去走走，或者去一个不在你的小窝里、但仍然让你感到安全和舒适的地方。记住，你有朋友和支持你的小团体。没有必要从你的沉溺中直接跳出来，然后以正常的速度回到正常生活中。继续谨慎地对待你自己和你的情绪，以你觉得最合适的速度前进。记住那些你在沉溺时学到的经验和教训。

Unggue

请注意，本节不适合心脏或者胃部虚弱的人。我们马上就要讲一些相当恶心的东西了。

在特里·普拉切特爵士的经典著作《碟形世界》系列中，哥布林们信奉一种叫作Unggue的宗教。它基于这样的原则：身体上的遗留物和分泌物是神圣的，应该得到照顾并保存下来。哥布林们通过制作漂亮的小罐子来践行这一宗教，并在罐子里装满分泌物：所有的耳垢、指甲和脚指甲屑，以及他们一生中擤出的鼻涕。碟形世界的哥布林们一生都在用他们的特殊部位和液体填充他们的罐子，这样他们就可以用他们身体生产出来的一切来安葬自己。哥布林在《碟形世界》中并不受欢迎。

可以这样说，虽然很恶心，但普拉切特的哥布林宗教似乎在探讨一些很少被讨论的问题。它的意思就是：生物是恶心的。人是恶心的。我们是由渗出的、黏稠的纤维和皮膜组成的。我们的身体充满脓汁和痰液，我们还会溃烂、结痂、呕吐和渗漏。还有什么能比这更恶心的呢？还有什么能比人体更污秽、更让人想吐的呢？

然而，这种恶心恰恰就是我们得以生存的原因。人们一路走来都很恶心，但我们的恶心程度相当，而且我们的恶心都是有原因的。我们需要耳屎、鼻涕和指甲，为了活着。器官是恶心的黏液袋，但如果你没有大脑、心脏、肺等恶心的黏液袋，你就会死。

也许Unggue可以提醒我们，让我们可以接受，甚至是爱自己恶心的那部分。每个人都是恶心的。如果我们开始赞美，或者至少是接受这些恶心的东西呢？

如果我们的身体值得关心，那么我们身体的所有部分都值得关心。Unggue是一个关于拥抱自己每一部分的课程，对即使是你宁愿忽略的部分，也要赋予关怀和意义。即使是那些经常被认为是丑陋或奇怪的部分。

第七章　泥浆浴

用来放松和学习的清凉气味

气味有唤起记忆、触发强烈情绪,并改变我们的心情的能力。嗅觉是与记忆联系最紧密的感官,这就是为什么我们往往对各种气味有强烈的情绪反应,以及为什么闻到熟悉的东西会突然唤起埋藏已久的记忆。如果你心情低落,某些气味可以使你心情愉悦,让你感到平静,或者给你带来能量。那么,为什么不开始在你的自我护理流程中使用香味呢?

芳香疗法和精油已经非常流行了,而且这不是没有原因的。由于气味与记忆和情感紧密相连,所以利用气味的力量来改变你的精神状态十分有效。有很多方法可以将气味纳入你的自我护理流程,也有很多方法可以让你自己制作芳香疗法。精

油很难自己制作，但你可以自己制作浸泡油（查看前文的制作方法）、香囊、淡香型乳液和香熏棒，而且不会很麻烦。并且，如果你自己制作香氛的话，你可以准确地选择使用哪种气味。通过实验，找出哪些气味你觉得最好闻，哪些气味对你的情绪影响最大。如果你不确定从哪里开始，这里有一份关于气味及其对情绪影响的简单指南。

- **用于睡眠**：洋甘菊、甜马郁兰、雪松。

- **用于起床**：咖啡、迷迭香、胡椒薄荷。

- **用于放松**：薰衣草、松树、佛手柑。

- **用于振奋情绪**：柑橘、檀香、刚修剪过的草坪。

- **用于提高注意力**：百里香、肉桂、鼠尾草。

- **用于缓解疼痛**：苹果、香茅、快乐鼠尾草。

> 自己制作香氛一般要比购买到的精油好，因为后者不受美国食品及药物管理局监管，可能会含有害化学物质。如果你真的购买了精油，请调查一下你所购买产品的公司。请记住：精油对宠物来说真的很不好！如果你有宠物的话，千万不要把精油放在扩散器或加湿器中。

香薰石

是不是正在寻找一种对哥布林友好的方式，让你的家里充满哥布林友好的气味呢？做一些香薰石吧！在你的空间周围到处都放上自制的香薰石吧，没有什么比这更能表达哥布林了。自己制作香薰石的好处是，你可以选择你最喜欢的气味。也许你想让你的空间闻起来有麝香和甜味，或者有泥土和清新的味道。也许你想整天闻到雨水或松树的味道。也许你甚至希望你的香薰石闻起来像，嗯，石头。权力掌握在你手中。

你需要的东西

* 200克面粉，可以根据需要再加一些。
* 80克盐。
* 5克玉米淀粉。
* 150毫升开水，可以根据需要再加一些。
* 10克精油或浸泡油。
* 食用色素（非必须）。
* 30克干草药、花瓣或柑橘皮（非必须）。

要做的事

1. 如果要制作自己的浸泡油，请参照蒲公英油的制作方法（参考前文），但要用你选择的草药或花来代替。

2. 在碗里将面粉、盐和玉米淀粉混合。

3. 缓慢地将沸水倒入混合物中，不断搅拌。

4. 一旦混合物冷却下来，就用你的手揉搓面团，直到它变硬。如果面团太湿就多加面粉，如果太干就多加水。面团应该是光滑而结实的，而且不会太粘手。

5. 加入油。如果你使用了食用色素，现在也可以加进去。

6. 把油揉搓进面团里，直到它们均匀地结合在一起。如果你使用了食用色素，则要揉到颜色均匀地散开为止。

7. 一旦油和面团混合好了，把面团揪成小块（2.5~5厘米）。将面块在手中揉成球状，然后把它捏成一块石头的形状。如果你愿意的话，也可以在上面压上干草药或花。

8. 将成品放在烤盘或冷却架上，至少干燥8小时。

9. 把香薰石放在你小窝周围的碗或罐子里，让它们在空间里散发香味。如果它们的气味开始消失，只要再加几滴油就可以了。

冥想

无论你是在焦虑中挣扎,还是发现自己非常容易分心,或者只是想在忙碌的世界中享受片刻的平静,在你的小窝中为正念和冥想创造一个空间吧,这对你的帮助将超乎你的想象。定期练习冥想可以帮助减轻焦虑和压力,使你在一天里可以保持清醒和专注,帮助你管理困难的情绪,甚至可以提高创造力。只需要每天留出几分钟的时间来练习正念,给你忙碌的大脑一些休息的时间。

为了鼓励自己进行冥想,并使冥想成为特别正向的体验,给自己创造一个专门的冥想空间可能是有用的。这是一片区域——可以是一个房间,一个壁橱,或是一个角落——专门为了让你感到平静和放松而设计的。对大多数人来说,冥想空间是简约而空旷的。然而,如果你是一个喜多不喜少的人,也不用担心。你的冥想空间只需要能让你放松就够了。被精心挑选的杂物所包围,可以使你感到更加踏实,还可以提醒你所爱的东西。和被你喜欢的东西所包围相比,还有什么能让你感到更平静的呢?如果你是一个在空荡荡的空间里就会感受不到家的人,那么就不要在空荡荡的空间里冥想!无论你选择用什么样的方式来定义舒适性,你的冥想区都应当让你感觉舒适。如果你感觉安全和舒适,就会更容易放松和专注。

什么类型的空间是杂乱、舒适、放松和自然的?答案很简单：森林。让你的冥想区有森林的感觉，这可以使你与自然、与自己联系起来。毕竟，有什么能比想象着坐在阴凉树林中的一片苔藓上更让人平静呢？森林不是简约的，也并不干净；森林里充满了蘑菇、松针、鸟、树桩、花、影子和各种虫子。森林是平静而杂乱的仙境，在那里我们可以接触到自然界所有怪异、泥泞的辉煌。这里有一些小建议，可以帮助你将森林的冥想力量带入你的小窝。

  找到你的空间。创造你的冥想空间的第一步当然是找到一个空间。如果你在家里，或是在一个较大的公寓里，你也许有一整个房间可以成为一个森林冥想室。但如果你没有那么多额外的房产，那就选一个你很少使用的角落，把它指定为你的冥想空间。如果你某天选择了一个冥想空间，第二天又觉得它不行了，那也没关系。有时就是需要试错来选择正确的位置。然而，为正念保留一个特定的地方会鼓励你去练习，让你空间的一部分专门用来照顾你的心灵，这会是非常有意义的。

  不要独自冥想。当我们想到冥想时，我们经常想到的是静静地坐在那里，带着我们的思绪连续思考几分钟。如果你是一个初学者，这是一种很艰难的冥想方式。相反，试着下载一个免费的冥想应用程序（有很多很多）、播客，或你喜欢的视频。找一个你喜欢听的冥想可能需要一点时间，但这值得花点力气。引导式冥想是学习基础知识的好方法，如果你决定用冥想来解决某个特定的问题或忧虑，引导式冥想会有很大帮助。不要说服自己在冥想时保持沉默，以便"做对"。做最适合你的事情！

让你所有的感官都参与进来。为了创造一个真正让人感觉平静的空间，你不能只考虑冥想空间的外观。你还希望有能够帮助你放松和集中注意力的气味、质地和声音。因为这是一个以森林为主题的冥想空间，所以试着使用松树、雪松和薄荷等气味，既能营造出森林的氛围，同时也可以促进放松和思考。除了你的冥想指南，还可以带入其他让你感到放松、与自然联系的声音。把雨声的播放列表排列好，或者找一个森林噪音的视频。播放的声音要足够安静，让你平静而不分心。在质地方面，试着带入地毯或者毛毯，可以让你想起森林地面的柔软土壤，或带入像苔藓一样有天鹅绒质地的枕头。

　　设置光线。光线是冥想的一个重要部分。如果你坐在强烈的荧光灯下，会更难感受到自己的存在，所以一定要考虑到什么类型的光线能让你感到平静。为了将你的冥想空间与房间其他地方的光线隔开，可以尝试在天花板上挂一块床单，就像一个顶罩。这将允许你以任何想要的方式照亮你的空间，而不受任何明亮的顶灯干扰。为了模仿森林里昏暗或斑驳的光线，尝试在你空间周围铺设成串的小彩灯。你也可以把盐灯或可调节的台灯带进来，提升气氛。照明似乎是一个小细节，但它对平静内心有很大的帮助。

　　获得舒适和平静。如果你觉得不舒服的话，就很难感到放松。你的冥想空间应当优先考虑舒适性，把枕头、靠垫、毛毯和地毯带进来。如果你的空间让你觉得舒适，那你就更有可能在里面待上一段时间。理想情况下，你的冥想空间是一个让你感到安全和宁静的地方。对于森林冥想空间来说，可以试着带入不同质地和密度的垫子和枕头，模仿森林里多样的植物、根茎、岩石和树干。把地毯和毛毯铺在地面，可以让你想起杂草丛生的森林地面。

装饰你的森林。有些人说拥有一个不乱的冥想空间很重要，而且你也确实不希望你的空间很混乱，分散你的注意力。然而，对于哥布林来说，有一些积极的杂乱也是不错的。装饰品可以让你的空间更有个性，这很可能会使你感觉更放松。只要你不会觉得分心，拥有一个有很多装饰品的冥想空间并没有错。以森林为主题的冥想空间可能有植物、水晶、泥土罐子、深绿色和棕色的垫子和毯子、干花和装饰性树枝等装饰。你可能需要花点时间才能把冥想空间装饰得既有个性又让人放松，但一旦你找到了正确的平衡，你就会永远都不想离开你的正念之地了。

培养一支哥布林队伍

关于友谊，蘑菇和真菌可以教给我们什么？好吧，就像蘑菇会沿着蕈圈[1]生长一样，朋友们也应该忠于彼此，相互支持，并帮助对方成长。友谊是一种复杂、不可知、必不可少的真菌，将我们所有人联系在一起。即使你有时可能会感到孤独，但拥有朋友意味着你可以确定你总有一个可以相连的支持系统。朋友们相互滋养，相互提升，并将彼此连接到更大的世界。当蘑菇长在一个环里时，它们实际上都是同一个有机体的一部分。当我们交朋友时，我们也会团结起来，成为比自己更大的东西。

做一个内向的人，或者享受独处的时间是很好的，但最终每个人都需要友谊提供的爱和支持。寻找好朋友和学会做一个好朋友是将为你的余生服务的技能。学习做朋友将教会你同理心、耐心、体贴、如何爱自己和他人。如果你感到沮丧，拥有朋友意味着永远有人会关心你。如果你的朋友正在挣扎，你可以学会关心他人。在你出发寻找哥布林队伍时，请牢记那些友谊可以为你提供的所有美好事物。

不过，交朋友并不总是容易的，特别是

---

1 亦称仙女环。指同一种蕈（蘑菇）在地上生长排列成环状的现象。一般，菌丝从孢子降落处向周围进行辐射状的生长，在新的地方生长出蘑菇，所以蘑菇排列成环状，并向外年年扩展。——译者注

如果（像许多哥布林一样）你经常被看作是怪人的话。这里有一些吸引和管理你的哥布林小团体的想法。

上网。这是寻找哥布林伙伴最明显的地方。你可以在网上找到任何东西，包括哥布林朋友。每个社交网站上都有哥布林核心社区，而且它们也都相当活跃。加入它们，开始和你的哥布林社区聊天吧。

> 在网上分享你的个人信息时要小心。这个建议听起来老掉牙了，但它仍然是正确的。你永远不知道你在和谁说话，你也不知道你的个人信息最终会出现在哪里。不要让这一点吓跑你，让你远离网上的哥布林核心社区，只要确保你是安全和聪明的，并保护好你个人信息的隐私就可以了。

加入一个俱乐部。在你的社区里，可能有比你知道的更多的俱乐部。因此，很可能至少有几个俱乐部会符合你的兴趣。寻找那些一起去远足的小组，或者那些利用周末清除入侵植物的小组。也许你的图书馆有一个主题图书俱乐部，你可以加入，或者也许当地的工艺品商店还知道有一个手工制作俱乐部。加入一个社区花园，一个观鸟俱乐部，甚至一个在线岩石收集小组。你不需要找到一个包含你所有哥布林兴趣的俱乐部，但找到一群与你有至少一个共同爱好的人，你几乎肯定会交到一个哥布林朋友的。

*报名参加课程。*这就像加入一个俱乐部一样，但还有一个额外的好处，就是你可以学习一种技能。你当地的图书馆可能会提供很多关于各种事物的课程，所以那里是你寻找开始的好地方。如果你附近有植物园、博物馆或大学，这些地方也都可以成为上课的好地方。看看关于哥布林主题的课程，如植物画、篮子编织、冰钓、腌制、制作和使用天然染料、组合珠宝、家庭堆肥，以及更多课程，从而增加你遇到其他哥布林的可能性。与陌生人一起学习新技能，一开始可能会让你感到害怕，但这实际上是一个很好的建立联系的经历。你班上的每个人可能都和你有同样的感觉，坦诚地和你的某个同学说出你的感觉，是与这位同学建立联系的好方法。找到一个与你兴趣一致的班级，你肯定会找到一个哥布林朋友的。

*组织哥布林活动。*如果你觉得自己很有进取心，你可以组织自己的哥布林活动。这是一个很好的方法，可以把你社区里的哥布林引到你家门口。试着举办一些活动，比如在当地公园举办百乐餐角和回收手工品之夜，或举办马拉松式的哥布林核电影分享、服装交换及角色扮演桌游。邀请你现有的朋友，并告诉他们可以把其他可能感兴趣的人也带来，或者可以在你的社区周围宣传你的活动。在你附近肯定有其他哥布林也在寻找哥布林朋友，他们听到你的活动一定会很激动。

---

2 来源于西方国家的一种聚餐方式，由主人提供场所、点心和饮品，参与者每人需要带一道菜品，这种方式既能减轻主人方准备所有菜品的负担，又能使大家品尝到不同口味的佳肴。——译者注

一旦你找到了哥布林伙伴，该如何建立联系呢？结交新朋友时，最困难的部分就是第一次交谈。这可能会让你觉得又奇怪又尴尬，但如果你在一次不舒服的谈话中还是收获到了一个好朋友，那这总是值得的。尽管建立联系会让人感到不知所措，但很多有用的技巧和策略要牢记，这将使你更容易结交到新朋友。

要诚实。诚实是拥抱我们不完美的一种方式。如果你能对别人坦诚地说出你的弱点，就表明你能接受自己的缺陷和瑕疵——至少足以使你不会对别人的缺陷和瑕疵评头论足。从一个小的坦白开始谈话，可以是坦白这次交谈或加入俱乐部让你紧张，或者表明你对自己手工项目的担心。你不需要过度分享（并且尽量避免自我贬低），与你谈话的人很可能也同样感到紧张。通过用你自己的诚实来开启对话，也允许对方有空间来反馈你的诚实。你在为你们两个人创造空间，一起拥抱你们的不完美。

给予赞美。一旦你练习了如何发现无处不在的美，你可能会变得非常善于给予赞美。毕竟，每个人都有自己独特的、酷酷的或美丽的东西，无论是一个有趣的胸针、一个颜色鲜艳的包、一顶钩针编织的帽子，还是一些不太显眼的东西，比如特别牛的幽默感，或是让人印象深刻的烹饪能力。没有什么比真诚的赞美能更快地让别人对你热情起来，所以开始留意这种美，首先让自己成为一个朋友！在你非常了解某人之前，最好把你的评论限制在他们可以控制的事情上——比如他们的个性特征、技能和风格选择，而不是他们身体的任何部分，即使他们的确有双非常漂亮的眼睛。

提出问题。作为一个好的社区成员,就意味着要为他人着想,而能显示出你在为他人着想的一个好方法,就是问问题。向新朋友提问表明你对他们感兴趣,你很关心他们。如果你有机会让某人感到特别和被关心的话,为什么不抓住这个机会呢?留意你的新朋友喜欢什么,不喜欢什么,有什么有趣的想法,然后让他们把这些事情展开讲讲。跟随他们所提到的活动、想法和建议。确保他们知道你很重视他们,就像他们重视你一样,因为这就是作为一个好的社区成员的意义所在。

寻找共同点。你知道让人感到舒适不仅仅意味着身体上的舒适吗?你可以通过与新朋友交谈找到共同点,并在谈话中获得舒适感。把话题引向你们都喜欢的事情,可以使谈话不至于变得尴尬或单口相声。如果你想和某人在一起感觉舒服的话,寻找共同点是一个快速的方法,无论你是通过问问题,还是提出你感兴趣的话题,或者甚至是通过注意到和新朋友有关、他们可能感兴趣的事情(比如他们穿的T恤或者他们带的书)来

寻找你们的共同点。找到一个你们都关心的话题，是与一个陌生人舒服相处的好方法。

记住，几乎每个人都想要交朋友。当你和一个陌生人交谈时，你很容易会觉得你是世界上唯一在寻找新朋友的人。但事实并非如此。找到可以理解你和滋养你的志同道合的人，是一种不可思议的可以增强自信的体验，而且大多数人都在寻求这种体验。当你遇到一个新朋友时，提醒自己他们和你一样，对友谊能带来的一切东西都感兴趣。牢记这一点，你会惊讶地发现，其他人似乎对你想交朋友的这个想法感到很开心。自我护理的意思远不止是每隔一段时间洗脸或洗澡。它是要你确保你优先考虑了你的心理健康，照顾好了你身体的需求，并且定期寻求快乐。

自我护理对每个人来说都不一样，这也没关系。每个人想要的和需要的东西都不一样。花点时间找到自我护理对你的意义，无论是在传粉昆虫友好型的花园里工作，是天黑后在海滩上散步，是抽时间阅读你收集来的民间传说书籍，还是真的去洗个泥浆浴。

归根结底，自我护理是提醒自己：你在这个世界上应该有个一席之地，并稳步地为自己争取这个位置。有时，生活变得不堪重负，很难记住你自己其实也需要照顾。但是，你在善待自己并找到力量这件事上花的时间越多，你就会感觉越好，就越是能为别人提供更多的东西。关爱自己是一种很棒的行为，因为它意味着你属于这个世界。

结 语

勇往直前,成为哥布林吧

按照现在的情况,我们的世界通常更重视一致性和同一性,而对个人的舒适度和风格不太感兴趣。对于那些在这个不愿意为他们腾出空间的世界里总是感到格格不入的人来说,哥布林核特别适合他们。拥抱哥布林的生活方式意味着拥抱所有使你与众不同的东西,并意识到这是你最酷、最好的东西。拥抱自己的哥布林属性可以让你觉得自己被人看到,而且这会提醒你,无论你选择怎样的生活方式,在你身后都有一个社区,会有很多的乐趣。

无论你的品味如何,总有办法将哥布林精神带入你的生活。无论你住在鞋盒一样的单间公寓还是郊区的房子,甚至住在改装的校车里,你都可以把舒适和绿色植物请进你的空间,让它变得完美。无论你是喜欢穿裙子还是牛仔裤,运动鞋还是高跟鞋,自制的毛衣还是商店买的连帽衫,你都可以首先考虑穿让你感觉不错的衣服。这就是哥布林生活方式的意义所在,重新找回自己的舒适和风格,提醒自己:你属于这个世界,即使这个世界似乎决心要把你排除在外。

尊重我们内心的哥布林自我意味着为我们的激情而庆祝,主张我们对绿色空间的权利,倾听自己的身体,用好奇心观察世界，并且优先考虑舒适性。它还提醒我们要收集很酷的石头、尊重虫子，而且一般来说要变得再古怪一点。如果你想下地变得脏兮兮的，哥布林会邀请你进入泥土、淤泥和蘑菇的世界中。如果你喜欢稍微整洁一点，你仍然可以成为一个哥布林；只是说你收集的动物骨头会比下一个人更有条理。

这就是为什么说在社区里和其他哥布林一起做哥布林是件好事，总有一个人喜欢做你不那么感兴趣的事情，而且这个人可以对你喜欢的事情发表很多见解。总的来说就是，哥布林组成社区后会比单独活动时要更强大、更奇怪。

哥布林核不仅仅是一种装饰风格，也不仅仅是呼吁大家要穿舒服的衣服（尽管这些东西肯定是它的一部分）。哥布林生活是要为你最奇怪、最沉闷、最难以启齿的需求和愿望提供空间。它是要让你意识到，即使在你觉得悲伤和黏糊糊的时候，你仍然值得在这个世界上有一席之地。它是要让你站起来，体贴地在你的沼泽里给其他人也留出空间——给所有种类的人，无论他们与你有多么不同。作为一个小哥布林，就是要看着地球，看着我们这个大泥球，然后琢磨着你如何能让它成为一个更奇怪、更泥泞、更真实、更有趣的地方。这就是哥布林模式的真正含义。

译后记

小时候最喜欢发生在森林里的童话，看着人物在树林里穿梭，脑海里不自觉出现细细簌簌的脚步声、阳光穿过枝叶投射下来的光束，以及被光束包裹着的悬浮尘土。成年后，我去到了重庆的森林里读书，香樟的气味、清晨的厚雾、绵绵密密的雨丝、暴雨过后的泥味儿、五彩斑斓的大虫子的袭击，形成我脑海中对森林最直接的清澈意象。森林给人最稳定的踏实感，让人与地球可以产生切实的联系。

虽然长久地住在森林里是个非常理想化的美好愿望，但这本书也提到，住在城市也可以拥抱自然，因为自然无处不在。这是一本非常有趣的手册，帮助每一个人找到自己的角色。在哥布林模式中，大家不用满足主流的社会角色，也用担心被强求完成社会主流的期待，它的目标很简单，就是让大家认可自己的每一面，哪怕是有些怪异的方面。书里有一些非常有意思的手工小教程，让我们可以在这个高度机械化的现代社会，用简单的方法找到快乐。

非常幸运有机会翻译本书，翻译过程让我重新体验到发掘生活细微乐趣的满足感。因此，我也相信翻开本书的读者们可以体会到一趟有趣和放松的阅读之旅。但这是译者第一次尝试翻译整本书籍，之前浅薄的经验恐怕不足以支撑一份完美的翻译。虽然努力想要保持原文风格和语言特色，但可能还是会有考虑不周之处。所以读者如果发现有任何问题或错误，还请不吝赐教！